꿈을 실현하는

_____에게 드립니다.

아이디어에서 제품으로,
최초의 하드웨어 스타트업 실행서!

● 엔지니어로서 하드웨어 스타트업을 모색하여 상장까지 이뤘다. 직접적으로는 200명이 넘는 구성원을, 간접적으로는 협력사 수십 개를 책임진다. 하드웨어 스타트업에 도전하는 이들을 볼 때면 대견하기도 하며 한편으론 안타깝기도 하다. 취지는 좋으나 여러 난관을 돌파해야 하기에 그렇다. 김영준 저자는 하드웨어 스타트업이 마주하는 역경을 예측하고 돌파할 수 있도록 힘을 준다. 아이디어만 갖고 있고 실행 방법을 모르는 이들에게 등대와 같은 올바른 방향을 제시한다. 대한민국의 경제 활성화와 일자리 창출을 위해 하드웨어 스타트업 경영에 동참해보지 않겠는가?

하이비전시스템 대표이사 최두원

● '남들보다 탁월한 IP확보 능력과 활용 능력'은 성공 스타트업에 다가서기 위한 필수 요소다. 마찬가지로 김영준 저자가 보유하고 있는 '아이디어를 실제 제품으로 창조해내는 능력'도 이 시대에 꼭 필요하다. 지금 이 순간에도 자신의 아이디어가 기업 가치를 높일 수 있는 아이디어인지, 자신의 생각을 어디에서 어떻게 제품화할 수 있는지 몰라 어려움을 호소하는 이들이 많다. 이 책을 통해 자신의 아이디어를 제품화함으로써 성공 하드웨어 스타트업에 이르는 지름길을 발견해보자.

아이티엘 대표이사 황차동

● 경험해서 체득한 바, 하드웨어 스타트업으로 성공하기란 쉽지 않다. 하지만 꾸준한 열정과 노력으로 얻어낸 하드웨어 스타트업에 대한 성공 보상은 그 어떤 결과보다 값지다. 일자리 창출과 더불어 해당 산업의 파이를 키우는데 일조하기 때문이다. 개인 차원의 성공을 넘어선 다수의 이익 추구에 부합하기에 하드웨어 스타트업에 대한 시도와 지원 노력은 더욱 커져야 한다. 부디 이 책을 통해 작고 초라한 꿈이 아닌 원대하고 의미 있는 스타트업을 도모하기 바란다.

쓰리웨어/스마트아이피시 대표이사 이재헌

● 세계 최고의 의료용 3차원 소프트웨어를 만들어 보겠다는 꿈으로 벤처 기업을 창업했다. 하지만 단지 소프트웨어만을 활용하는 것보다 하드웨어와 소프트웨어의 융합을 도모하는 것이 훨씬 더 큰 부가가치를 창출할 수 있다는 것을 이 책을 통해 깨달았다. IT 관련 창업을 꿈꾸는 대한민국의 젊은이들에게 이 책을 적극 추천한다.

팔레트소프트 대표이사 강호철

● 해외의 대학 교육은 이미 취업에서 창업으로 무게 중심을 옮긴지 오래다. 더 이상 학생들에게 창의적 가치 추구에 입각한 스타트업 경영 마인드를 고취시키는 교육을 미룰 수 없다. 이 책은 스타트업 붐업의 중요성을 강조하며, 숭고한 기업가정신이 대학 교육에 녹아들도록 주문한다. 지금 우리에겐 이기적인 부를 쫓는 기회 중심의 스타트업 문화보다 새로운 가치를 찾아 도전과 열정에 불 지피는 스타트업 문화가 필요하다. 책을 통해 이상을 현실로 만들어 보자.

서울대 벤처경영기업가센터 교수 이영민

● 창조경제타운의 멘토인 김영준 지자는 하드웨이 스타트업이 왜 중요한지, 나라 경제에 어떠한 영향을 미치는지에 대해 이 책을 통해 일목요연하게 설명한다. 중국 선전의 경우 등 해외 하드웨어 스타트업 인규베이딩이 활발한 지금, 우리 스스로 제조업에 대한 패배의식을 고착화한다면 더 이상 경제 활황을 맞이하기 어렵다. 경제 활성화와 일자리 창출을 위해 하드웨어 스타트업에 대한 도전과 배양이 필요하다. 미래 준비에 동참하고 싶다면 이 책의 일독을 권한다.

창조경제타운 단장 황영헌

● 지금 우리 주변의 여러 디바이스들 중, 국내에서 개발되고 생산한 제품은 보기 어렵다. 부족한 제품 차별화 가치를 해외 생산을 통한 원가 절감으로 해결하려 하기 때문에 그러하다. 하지만 이제 더 이상 시간이 없다. 현 상황이 지속된다면 제조업 생태계가 모조리 붕괴될 것이다. 책에서의 언급처럼, 우리나라 내부 일자리 창출에 기여하는 하드웨어 스타트업에 대한 모색이 반드시 필요한 이유다.

IT동아/게임동아 대표이사 강덕원

하드웨어
스타트업

하드웨어

HARDWARE START-UP

스타트업

• 김영준 지음 •

한스미디어

 며칠 전 집 근처 길가에 까치가 죽어 있는 걸 봤다. 이처럼 서울에서 까치가 죽어간다. 여러 이유가 있겠지만 까치 몸집의 두 배만 한 까마귀가 까치 죽음의 직접적인 원인이다. 까마귀가 까치집을 노려 알과 새끼를 취하고 새끼뿐 아니라 어미도 공격하여 서식지에서 내몰거나 죽이고 있다. 까치는 서울에서 먹이사슬 중 상위에 속해왔다. 매, 부엉이 등이 희귀해지면서 까치의 천적은 사라졌고 한강의 갈매기나 철새 등보다 힘이 세고 날렵해 철새 등이 도심으로 날아오르면 까치가 공격해서 쫓아내곤 했었다. 하지만 지금은 도심으로 날아온 까마귀로 인해 까치가 하나둘 사라지고 있다. 가끔 까치들이 매우 시끄럽게 울어댈 때가 있는데, 아파트 창문으로 내려다보면 까마귀 한 마리가 까치집을 들쑤시고 있을 때다. 여러 마리의 까치가 있지만 까마귀 한 마리를 당하지 못해 멀리서 울고만 있다.

 내가 태어나 처음으로 까마귀를 봤던 건 1997년 일본을 방문했을 때다. 일본에 첫 방문이라 두근두근하는 마음으로 도쿄를 거닐었는데 그때 2가지가 지금까지도 기억에 선명하다. 하나는 공원의 노숙자

다. 당시 우리나라에는 구걸하는 사람은 있었지만 길이나 공원 등에
서 잠을 자는 노숙자는 찾기 힘들었기에 우리보다 선진국이라는 일
본에, 그것도 도쿄 도심 공원 여기저기에 마치 개집처럼 종이 상자로
집을 짓고 그 안에서 잠을 자는 사람들을 보고 적잖이 놀랐다. 두 번
째는 까마귀다. 서울 토박이라 까마귀를 본 적이 없던 나는 도쿄 공원
에 마치 비둘기처럼 많이 날던 까마귀가 신기했다. 몸집도 크고 까악
까악 기분 나쁘게 울어대는 소리가 소름 끼쳤다.

이제 시간이 흘러 도쿄뿐 아니라 서울에도 이 2가지가 모두 존재한
다. 노숙자는 IMF 이후 급격히 늘어났고, 까마귀는 아파트 주변에서
볼 수 있다. 사회가 바뀌고 환경이 바뀌었다. 활황이 지속될 것 같았던
경제는 침체기로 접어들었고 언제까지나 서울을 장악할 것 같았던
까치는 덩치 큰 까마귀의 밥이 되고 있다. 죽어나가는 까치를 보면 우
리나라의 형국과 같다는 생각이 들어 마음이 무겁다. 침체되어 가는
경기 국면으로 인해 너도나도 해외로 공장을 옮기고 직원을 줄인다.
국내 제조업의 씨가 마르고 있다.

이 책은 국내에서 제조업 부흥이 다시 일어나기를 바라는 절실함으로 집필했다. 미국과 유럽에서는 지금 이 순간에도 다양한 하드웨어 스타트업이 일어나고 있다. 중국이나 베트남, 인도네시아 등에도 제조업을 하기 좋은 여건이 존재하지만 무턱대고 그런 나라로 향하는 것이 아니라 자국 내에서 일자리 창출을 위한 노력을 병행 지속하고 있다. 대학의 교육 또한 취직을 위한 교육이 아닌 스타트업 창업을 위한 교육으로 전환된 지 오래다. 하지만 우리는 어떠한가?

　이 책 집필 전 연구기관에 있으면서 스타트업에 대한 투자 심사를 주로 하는 권위 있는 박사 한 분을 뵈었다. 담배를 피우며 뒷이야기를 하는데 스타트업 심사를 하며 스타트업 창업을 젊은이들에게 부추기는 게 맞는지 회의감이 든다고 했다. 많은 사람이 도전하지만 준비되지 않거나 무모한 도전이기에 대부분 나가떨어지는 모습을 보며 안타까운 심정으로 한 이야기였다. 스타트업의 생사를 지켜보는 입장은 마치 응급실에 실려 온 환자의 생사를 지켜보는 것과 같다. 하지만 지켜보고만 있으면 되겠는가? 나는 우리나라 스타트업의 부흥에 작은 힘을 보태기 위해 이 책을 집필하였다.

해외처럼 스타트업에 대한 관심과 지원이 이루어져야 한다. 특히 대기업들이 지금보다 훨씬 더 많은 투자를 해야 한다. 책 본문에서도 언급했지만 대기업 자신을 위해서도 반드시 필요하다. 스타트업에 대한 교육이 체계적으로 이루어져야 한다. 대학과 정부가 머리를 맞대어야 한다. 앞서 언급한 투자 심사자의 이야기처럼 지금 우리는 준비가 안 된 이들에게 각종 공모전이나 지원 프로그램을 통해 도전을 부추기고 있다. 지금 우리가 할 일은 2가지다. 도전하는 데 필요한 여건을 만드는 것, 그리고 실제 도전을 하는 것이다. 지금까지 해외의 스타트업 도전 분위기를 따라가기 급급했다면, 지금부터는 스타트업 도전에 필요한 지식을 교육하고 안전망을 만들어야 한다. 준비가 안 되어 있다면 준비를 해야 하고, 좋은 아이디어라면 성공의 길로 잘 도모되어야 한다.

정부의 다양한 스타트업 지원 프로그램 중 시제품 제작에 관련된 지원 프로그램은 조기 마감되기 일쑤다. 그만큼 아이디어를 제품화하려는 사람들의 니즈는 크다. 하지만 아이디어는 있으나 이를 어떻게 어디서 시제품화하고 어떤 과정을 통해 양산에 이르게 해야 하는지 제대로 알지 못하는 사람들이 부지기수다. 또한 제품화 방법을 잘 알지 못하는 이들을 이용하여 악의적으로 돈을 벌려는 사람들도 있다. 이러한 내용에 대해 필자에게 강연 후 혹은 메일 등으로 많이들 문의하기에 잘 알고 있다.

하드웨어 스타트업의 부흥은 지금 이 시점 우리나라에 반드시 필요한 과제다. 사실 '하드웨어 스타트업'이라는 말을 생소하게 여기는 사람들이 많다. 이 책에서 '하드웨어 스타트업'이라 하면 스마트폰 앱처럼 가상의 서비스 시스템이 아니라, 손으로 만질 수 있고 볼 수 있는 물건을 기획해서 제조하는 제조업을 대변하는 용어로 사용했다. 따라서 전기적 동작이 없는 물건이라도 새로운 아이디어에 기반한 제품을 도모한 스타트업이라면 책에 소개했다. 물론 이유는 단 한 가지다. 제조업의 부흥이 일자리 창출에 기여하는 바가 크기 때문이다. 이 책을 통해 하드웨어 스타트업의 지원이 더욱 늘었으면 좋겠다. 또한 하드웨어 스타트업에 치밀하게 도전하는 이 또한 늘었으면 좋겠다. 책을 읽고 추가적인 도움이 필요한 이들은 필자에게 메일 등으로 문의하길 바란다.

하드웨어 스타트업에 대한 도전을 꿈꾸고 있다면 이 책을 통해 꿈을 현실로 만들어보라. 더불어 스타트업 지원을 모색하는 기관이라면 더욱 체계적으로 하드웨어 스타트업을 지원하는 프로그램을 도모하길 바란다. 하드웨어 스타트업의 성공은 도전하는 개인에게도 필요하지만 우리나라 경제 활성화에도 만드시 필요한 과제이기에 그러하다.

02

가치 창출의 보고,
하드웨어 스타트업

03
하드웨어 스타트업,
기본 프로세스

04
하드웨어 스타트업,
심화 실제

05
하드웨어 스타트업으로
성공하기

01
왜 하드웨어
스타트업인가?

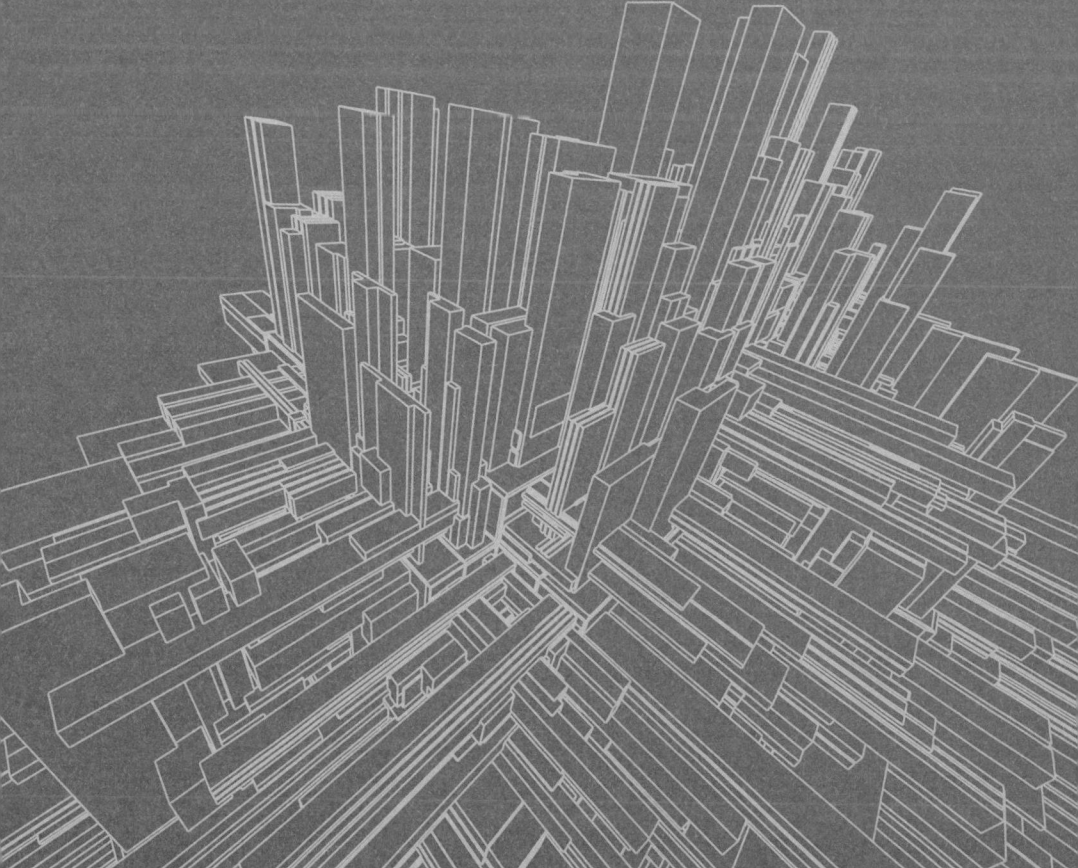

대한민국,
새로운 동력이 필요하다

'하드웨어 스타트업'이란 말 그대로 스타트업 중 하드웨어를 주된 업으로 삼는 스타트업을 말한다. 이 책은 하드웨어 스타트업이 왜 중요하고, 어떻게 육성해야 하고, 어떻게 경영해야 하는지에 대한 이야기다. 그런데 스마트폰 앱이나 게임 개발에 젊은이들이 많이 몰리고 있고 큰돈을 벌 수 있음에도 왜 하드웨어 스타트업에 대해 이야기하는 걸까? 짐작하겠지만 '하드웨어 스타트업'은 앱이나 게임을 만들어내는 이른바 '소프트웨어 스타트업'과 반대되는 개념만을 의미하지는 않는다. 앱 개발로 대변되는 소프트웨어 스타트업에 비해 하드웨어 스타트업은 훨씬 더 중요하고 큰 의미가 있다.

대한민국 경제에 대한 해법들이 연신 뉴스에 쏟아져 나오고 있다.

경기 하락 국면에서 벗어나지 못하고 있기 때문에 오늘은 이런 내용으로, 내일은 저런 내용으로 대안이 제시된다. 하지만 쉽사리 개선되지 않는다. 물론 글로벌 과잉 생산에 의한 세계적인 침체 동조화 측면도 있기에 쉬운 과제가 아니다. 하지만 국민들이 체감하는 불안감은 생각 이상으로 크다. 지금보다 내일이 더 어려울 것 같다는 막연한 불안감이다.

이런 불안감은 과거의 일회성 경제 혼란과는 다르다. 지금 일어나는 서서히 가라앉는 경기 침체는 매우 심각하다. 얼핏 보면 연착륙이 경착륙보다 낫지 않느냐고 반문할 수도 있겠다. 하지만 경기 침체에 있어서는 다르다. 예를 들어 IMF 시절을 돌아보자. 대기업부터 중소기업까지 기업 도산이 넘쳐났다. 얼마나 갑작스레 일어났던지 취업 공고를 내어 사람을 뽑고도 입사를 취소하는 일도 생겼다. 실물경제도 하락하여 부동산도 급락했다. 뭐 하나 제대로 돌아가는 게 없었다. 더 거슬러 올라가 미국에서 일어난 9·11테러는 어떠했는가? 전 세계 증시가 동시에 대폭락했다. 테러 공포로 투매에 가까운 혼란이 발생했다. 극복하기 불가능할 것 같은 큰 위기였다. 하지만 지나고 보니 IMF와 9·11이 미친 경제 위기는 그리 오랜 시간이 걸리지 않아 회복되었다. 당시에는 매우 힘들었지만, 마치 제자리로 돌아가려는 관성이 작동하듯 경제는 회복되었다.

지금의 경제 침체는 어떠한가? 일본의 잃어버린 10년을 남의 일인

양 논하던 게 엊그제 같건만, 실업은 일상화되어 가고 '임대' 표시가 붙어 있는 건물은 하루가 다르게 늘어만 간다. 기업들은 수익 악화를 만회하기 위해 인력 축소를 실시하고 비수익 사업을 정리한다. 적자를 줄이기 위한 노력은 개별 기업의 입장에서는 효율화로 볼 수 있으나, 나라 전체로 보면 실업자의 양산이며 소비를 위축시킨다. 서서히 가라앉는 경기 침체는 시간이 지나면 복원되었던 IMF나 9·11에 비해 관성적인 복원력이 없다. 특별한 노력을 기울이지 않는다면 경기 활황은 다시 오지 않는다. 경제를 일으켜 세울 원동력이 없기 때문이다.

1980년대까지는 정부의 인위적인 주도가 경제 활성화의 원동력이었다. 1990년대는 세계적인 추세였던 닷컴과 통신 열풍이 주 원동력이었다. 이후 2000년대 들어서 통신과 반도체를 위시한 전자 산업과 자동차, 조선 등 주요 산업 전반이 우리나라 경제를 잘 리딩했다. 여기서 주목할 점은 과거에는 경제성장의 거시적인 목표를 세워 정부와 대기업이 노력하면 그 목표가 실제 성과로 이어졌다는 데 있다. 예컨대 우리나라가 1990년대 말부터 세계적인 통신 강국이 된 건 미국의 저명한 경제학자인 마이클 포터 교수의 조언을 정부와 대기업에서 잘 받아들여 매진했기 때문이다. 그 시절에는 이렇게 통찰력을 가진 사람의 리드를 잘 따르면 경제를 살릴 수 있었다. 하지만 지금은 다르다. 정보의 공유가 빠르게 넘쳐나고 이 때문에 실시간 급변하는 트렌드와 정세로 확실한 답도 없고 확실하게 보이는 목표 고지도 없다. 모든 게 불확실하다.

이 난국을 어떻게 돌파해나가야 할까? '일자리가 끊임없이 창출되고 창의적인 사고를 실현할 수 있는 기반'을 만들어야 한다. 일회성 대책이나 단기 부양책은 답이 아니다. 이런 기조에 정확히 부합하는 게 하드웨어 스타트업에 대한 추구다. 혹자는 대한민국에서 무언가를 새로이 제조해서 판매하여 수익을 낼 수 있는 시기는 지났다는 말을 한다. 정말 그럴까? 대기업들이 생산 거점을 중국이나 베트남 등으로 많이 옮겼기에 제조업은 쳐다도 보지 않는 게 상책일까? 이 책에서는 하드웨어 스타트업이 얼마나 중요하고, 그 탄생과 명맥을 잇는 것이 얼마나 의미 있는지 다양한 사례와 함께 이야기한다. 대한민국의 새로운 원동력의 원천이 왜 '하드웨어 스타트업'인지 언급할 것이다.

정부의 역할도 매우 중요하다. 과거처럼 목표를 명확히 하고 획일화되게 정책을 펼쳐서는 안 된다. 변화가 빠른 현재와 같은 상황에서는 정책 추진의 과정 중에도 상황을 뒤돌아봐야 하고, 방향을 바꿀 수 있는 유연한 자세가 필요하다. 하지만 이제 정부의 역할 못지않게 스타트업의 탄생과 유지가 중요한 순간에 이르렀다. 기존에 볼 수 없었던 사람들의 트렌드와 취향을 읽어 거기에 부흥하는 가치를 만들어내는 것은 대기업이나 정부에서 행하기 어렵다. 기존의 데이터에 근거한 통계적 확률 관점으로 업무의 우선순위를 정하는 대기업과 정부의 일 처리로는 작은 가능성을 실마리로 하여 도전하고 성공하는 상황을 기대하기 어렵다.

실제로 현재 대한민국은 창업의 붐으로 넘쳐난다. 40대 이상은 재취업난으로 어쩔 수 없이 자영업에 뛰어들고 있고 대학생을 비롯한 젊은이들은 취직이 안 되어 창업에 기웃댄다. 정부에서도 각종 지원 프로그램을 하루가 다르게 늘려 내어놓는다. 이러다 보니 제품 개발이나 생산에 대한 경험이 전무한 상태에서 무턱대고 덤벼드는 경우도 많이 생긴다. 하지만 높은 도전의식이 있다고 성공 확률도 동시에 상승한다고 착각해서는 안 된다. 무지한 상태에서 멋모르고 도전하는 것보다 도전하지 않는 편이 오히려 더 나을 수 있다.

이 책은 하드웨어 스타트업을 하고자 할 때 반드시 알아야 할 부분들을 포함하고 있다. 지금 하드웨어 스타트업의 중요성과 기회를 알고 도전해보자. 아울러 이미 하드웨어 스타트업을 시작한 독자라면 자신이 앞으로 준비해야 할 부분에 대해 명확히 알아 리스크를 현격히 줄이자. 하드웨어 스타트업의 성공은 해당 스타트업의 성공 이상으로 중요하다. 대한민국 일자리 창출에 크게 이바지하는 대한민국의 새로운 원동력이며 기회의 땅이기 때문이다.

생태계를 만드는 수단,
하드웨어 스타트업

　　　　　　　2014년 1월, 구글은 3조 4000억 원을 들여 네스트랩스^{Nest Labs}라는 회사를 인수했다. 2006년 구글이 유튜브를 인수할 때 금액(1조 6000억 원)의 약 2배에 이른다. 네스트랩스는 네스트^{NEST}라는 냉난방 온도 조절기를 만드는 기업이었다. 네스트는 온도 센서, 동작 센서, 습도 센서 등 각종 센서가 내장되어 있어 보일러, 에어컨, 가습기, 제습기, 팬^{Fan}과 연결하여 가정의 냉난방 조건을 컨트롤하는 디바이스다. 사용자 생활 패턴과 실내 환경을 스스로 누적 파악하여 최적의 환경을 만든다. 사실 이런 설명을 들어도 구글이 3조가 넘는 돈을 들인 이유가 선뜻 이해되지 않는다. 괜찮은 사물인터넷^{IOT: Internet of Things} 기기라는 점에는 충분히 동의한다.

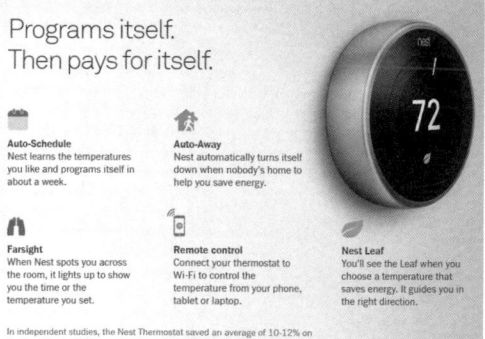

Programs itself.
Then pays for itself.

Auto-Schedule
Nest learns the temperatures you like and programs itself in about a week.

Auto-Away
Nest automatically turns itself down when nobody's home to help you save energy.

Farsight
When Nest spots you across the room, it lights up to show you the time or the temperature you set.

Remote control
Connect your thermostat to Wi-Fi to control the temperature from your phone, tablet or laptop.

Nest Leaf
You'll see the Leaf when you choose a temperature that saves energy. It guides you in the right direction.

In independent studies, the Nest Thermostat saved an average of 10-12% on heating bills and 15% on cooling bills. So in under two years, it can pay for itself.

▶ 구글 네스트 부문 홈페이지:
https://nest.com/

조금 더 네스트랩스를 살펴보자. 네스트랩스는 아이팟과 아이폰을 디자인했던 유명한 애플 디자이너 토니 퍼델Tony Fadell과 아이폰 엔지니어였던 맷 로저스Matt Rogers에 의해 2010년 설립된 하드웨어 스타트업이다. 인수될 당시 네스트랩스의 개발자 100여 명은 대부분 애플 출신이었다. 실제 네스트의 동작도 테두리 은색 부분을 돌려 온도를 정한다. 아이팟의 휠이 떠오르며 심플하고 직관적이다. 그렇다면 구글이 네스트랩스를 인수한 이유가 스티브 잡스로 대변되었던 직관적이면서 디자인 중심의 '제2의 애플'을 소유하고 싶어서라고 생각할 수도 있겠다. 작은 스타트업이지만 막강한 브랜드로 커질 미래를 보고 투자한 것이라 여기면 충분히 말이 된다.

하지만 실제로는 위에 언급된 내용과는 비교도 안 되는 그 이상의 이유가 존재한다. 구글이 네스트랩스를 인수한 지 6개월이 지난

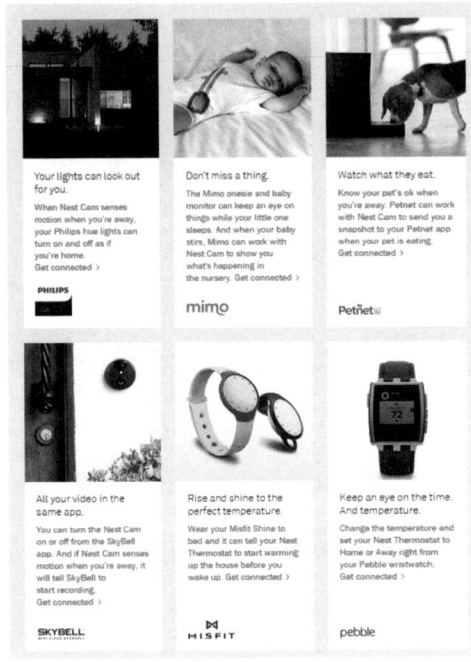

2014년 6월, 구글은 일반 개발자들이 네스트를 활용할 수 있도록 네스트 개발자 프로그램을 오픈한다. 이는 구글의 안드로이드나 애플의 iOS 운영체제를 일반인들에게 오픈하여 다양한 앱이 발생하도록 만든 논리와 같다. 실제 네스트의 홈페이지에 가보면, 2015년 10월 현재 네스트와 연동되어 컨트롤 가능한 디바이스가 46개나 있음을 알 수

▶ 네스트와 연동되는 디바이스 일부. 네스트 홈페이지:
https://nest.com/works-with-nest/

있다.

　네스트와 연동되는 디바이스들도 규모만 다를 뿐 하드웨어 스타트업들이 만들어낸 것들이다. 하드웨어 스타트업들이 네스트와 연동되는 디바이스를 만들어내면 만들어낼수록 네스트의 시장점유율은 올라갈 수밖에 없다. 이런 상황이 가능한 것을 구글은 네스트랩스 인수 이전에 이미 확신했던 것이다.

이렇듯 하드웨어 스타트업 붐이 필요한 이유 중 비즈니스 관점에서 가장 중요한 이유는 '생태계'를 만드는 수단이기 때문이다. 생태계(혹은 플랫폼)의 중요성은 두말할 여지가 없다. 새로운 생태계의 탄생은 새로운 비즈니스 기회를 열어준다. 지금 이 시간에도 네스트와의 연동을 꿈꾸며 기존에 존재하지 않던 새로운 디바이스 개발에 여념이 없는 하드웨어 스타트업이 여럿 있을 것이다.

중국의 휴대폰 업체 샤오미小米는 하드웨어 스타트업으로 출발했다. 휴대폰 제조 공장이나 기술이 없는 상태에서 휴대폰 제조를 외부에 맡기며 시작했다. 행동 방식은 매우 간단하다. 원가 수준의 매우 낮은 가격으로 제품을 판매한다. 해당 제품을 사용하는 사람들이 불편하다고 말하는 것을 귀담아듣고 개선한다. 이런 방식으로 충성 고객을 만들고 수익은 유료 게임과 광고로부터 얻는다. 약 5년간 1억 명의 사용자를 확보했다. 그들이 일반 게임 회사처럼 게임 자체로 고객에게 어필했다면, 샤오미도 아주 획기적인 게임을 내놓지 않고서는 고전을 면치 못했을 것이다. 샤오미는 현재 휴대폰뿐 아니라 텔레비전, 헤드폰, IT 액세서리 등 다양한 제품을 판매한다.

샤오미가 이렇게 원가 수준의 저렴한 가격에 하드웨어를 판매하는 이유도 결국 구글이 네스트를 3조 원 이상의 가격에 사들인 것과 다르지 않다. 모두가 생태계를 만들어 수익을 내고자 함이다. 샤오미는 하드웨어를 지속적으로 사용하게 만들어 마니아층을 확보하고, 그

▶ 샤오미 공기 청정기를 홍보하는 샤오미 홈페이지: http://www.mi.com/en/air

마니아 고객으로부터 다양한 방법으로 수익을 가져온다. 다시 말해 하드웨어 플랫폼을 디딤돌로 삼아 소프트웨어 플랫폼을 구축하는 전략이다.

반면 우리나라 기업들은 어떠한가? 이런 공유 생태계(플랫폼) 개념을 이용하여 수익을 올리는 곳을 찾아보기 어렵다. 단순히 본인들의 제품 판매로 수익을 올리기에 급급하다. 이런 분위기 탓에 우리는 '하드웨어 스타트업'을 단순히 '제조 스타트업'으로 인식한다. 더불어 중국 등에서 모방하면 그만이기에 선뜻 도전하기조차 꺼린다.

대다수 사람은 플랫폼이라고 하면 스마트폰 OS, 카카오택시, 구글페이, 네이버 밴드, 카카오 스토리 등 소프트웨어적인 앱이나 일종의 커뮤니티를 떠올린다. 하지만 패러다임을 바꾸면 제품을 중심으로 하는 하드웨어 스타트업은 소프트웨어 스타트업 못지않게 사용자 플랫폼 구축이 가능하다. 근래 들어 새로운 제품의 출시뿐 아니라 다양한 렌털 프로그램의 등장도 같은 맥락이다. 다양한 제품과 연계된 다양한 비즈니스 모델을 발굴해야 한다. 제품 그 자체에 목매어 개발과 생산, 판매에 열을 올리는 비즈니스는 성장성에 한계가 존재한다. 하드웨어 스타트업에 근거한 새로운 비즈니스 모델 발굴은 대한민국 산업 생태계를 다양화하여 일자리 창출과 국부를 이룰 수 있게 해주는 근원인 것이다.

사라지는 국내 인프라,
더 이상 시간이 없다

           불과 5~10년 전만 하더라도 제조를 근간으로 하는 중소기업들(하드웨어 제조사)이 국내에 많이 존재했다. 통신 산업과 닷컴 열풍에 힙입어 관련 기기와 설비가 필요했기 때문이다. 아이디어나 기술이 있으면 벤처를 설립하고 운영했다. 이때 다양한 기술 발전이 이루어졌고 산업 전반의 제조 혁신도 일어났다.

   필자는 통신기기 제조사에 근무했다. 여러 중소기업이 새로운 기술을 들고 필자의 회사를 찾아왔다. 필자가 수행한 핵심적인 일 중 한 가지는 중소기업이 소개한 신기술에 대해 실제 적용 가능성을 평가하고, 필요하다고 판단되면 해당 기술을 제품화하는 것이었다. 중소기업은 자신들의 기술을 평가할 장비가 부족하며, 정보 및 새로운 트렌드에 대한 민감도가 낮다. 상대적으로 장비와 정보를 많이 보유한 '갑' 기업이 '을' 기업의 기술을 평가하고 판단하기 위해 제품 납품을 희망하는 을 기업의 기술 실용성을 판단한다. 누가 등 떠밀어 하는 활동이 아니다. 갑 기업은 성공 여부가 불확실한 여러 기술에 돈을 투자하는 것보다 신기술을 보유한 을 기업의 제품을 도입하는 게 더 유리하기에 그리했다. 하지만 지금 우리나라의 현실은 소위 말하는 '을' 기업들이 사라지고 있다. 더불어 '갑'에 해당하는 기업마저 위태한 상태다.

필자는 업무상 해외 유명 전자부품 회사들의 국내 에이전시들을 많이 알고 있다. 근래 만난 에이전시 대부분은 국내에서 자신들의 부품 판로가 급격히 사라지고 있다고 하소연한다. 그런데 아이러니하게도 국내 전자부품의 경쟁력이 생겨서 해외 전자부품 에이전시들이 힘든 게 아니다. 국내에서 새로운 디바이스 개발을 시도하는 회사가 씨가 마르고 있고, 대기업들은 너도나도 국내 생산을 꺼리고 있기에 국내에서 부품 사용량이 현격히 줄고 있기 때문이다.

그렇다면 이렇게 된 이유는 뭘까? 여러 이유가 있겠지만, 외부 환경 요인 중 제어 불가능한 요인(예: 글로벌 과잉 투자 등)을 제외하고 따져보면 가장 중요한 부분이 있다. 바로 무분별한 수직 계열화다. 여기서 '무분별'이라는 개념은 개별 회사의 이익 중심의 판단이 아니라, 우리나라 산업 중심의 판단이다. 다시 말하면 '우리나라 산업 발전에 도움이 되지 않는 수직 계열화'라는 의미다. 사실 경영학 측면에서 '수직 계열화'는 여러 경영전략 중 한 가지다. 일반적으로 회사 규모를 키우기 위해서나 전략적으로 새로운 산업에 도전하기 위해 기업들이 인수합병M&A을 실시한다. 주로 대규모 기업이 소규모 기업을 인수한다. 중견기업 이상의 대기업은 사세 확장 및 산업 주도권 확보를 위해 전후방 산업의 기업을 인수한다. 중소기업은 자신의 회사가 팔리면 주로 경영진이 큰돈을 거머쥐기에 인수합병을 결정한다. 규모의 경제를 통해 큰 기업에 종속되면 길게 살아남을 확률이 높아지므로 인수합병에 본인의 회사를 내놓기도 한다.

물론 대기업에 인수됨으로써 적재적소에 큰 투자가 이루어져 긍정적인 결과가 나오기도 한다. 하지만 이런 상황은 해당 분야에서 탁월한 성과를 내고 있을 때에 국한된다. 경쟁이 치열한 일반적인 상황에서는 인수되면서부터 문제가 발생한다. 인수되기 전까지 여러 거래선을 갖고 있던 회사가 모기업에 인수되는 순간 모기업을 위한 기술 개발을 가장 중요시하는 회사로 바뀐다. 소위 '기술의 독점exclusive'이다. 인수된 기업의 신기술은 모기업에 가장 우선해서 공급한다. 모기업의 경쟁사에는 신기술을 후순위로 공급한다. 모기업의 경쟁력을 배가하기 위해 모든 노력이 진행된다.

사실 이런 내용도 그다지 문제가 없어 보인다. 인수된 회사가 모기업에 최선을 다해야 되는 게 당연하다. 하지만 중요한 포인트가 있다. 일반적으로 모든 회사는 본인들이 살아남기 위해 회사가 속한 산업

하드웨어 스타트업

전반에서 경쟁력을 갖기 위한 다양한 모색을 지속해서 실시한다. 하지만 합병 후의 회사는 산업 전반을 보는 것보다는 모회사의 방향성에 편중한 경영을 진행한다. 예를 들어보자. 과자를 만드는 회사 A사가 과자 포장재를 만드는 B사를 인수했다. B사는 과자 포장재 외에도 전자제품 포장재 등 다양한 포장재를 개발하고 양산해왔었다. 하지만 A사에 인수된 후 과자 포장재 신제품 개발을 주력으로 하는 전략을 수립한다. A사와 B사가 시너지를 내기 위해 과자 포장재를 제외한 나머지 부분은 약화시키거나 사업을 중단하기로 결정한다. 이는 A사, B사만을 놓고 보았을 때는 경영 합리화 측면에서 전혀 문제 될 부분이 없다. 하지만 산업 전반의 큰 시야에서 보면 다양한 포장재 기술 개발 가능성을 축소하는 데 일등공신이 된 격이다.

기술을 갖고 있는 중소기업이 대기업들의 내재화로 사라지고 있는 상황에 더불어 베트남 등 신흥국으로 떠나고 있는 것도 큰 문제다. 상황이 이러하니 제조 설비 확충 투자도 해외에 중점적으로 이루어지고 있다. 한국무역협회 조사에 따르면 베트남에 진출한 한국 기업은 3000개가 넘는다.

본인만의 기술을 보유한 강소기업이 넘쳐나야 그것으로부터 대기업도 혜택을 받고 해당 기업도 지속 유지될 수 있다. 하지만 기술을 보유한 강소기업이 하나둘 소리 소문 없이 대기업에 흡수합병되고, 저임금과 젊은 노동력을 찾아 기업들이 너도나도 대한민국을 탈출하고 있다. '새로운 제품을 만들기에 적합한 인프라가 풍부한 나라'에서 '기반이 약하고 다양성이 사라진 나라'로 탈바꿈되고 있다. 작은 강소 히든 챔피언 기업이 많아 그 안에서 다양한 기술 발전이 이루어지고 끊임없는 새로운 시도가 발생해야 하지만 우리나라의 현재 상황은 5~10년 전에 비하면 매우 암울하다.

그렇다면 해법은 없는가? 언론에서는 대기업들이 투자에 인색하다는 언급이 많다. 투자를 늘려 경제 부흥에 일조해달라는 목소리다. 더불어 대기업에 고용 증가를 요구한다. 정부에는 복지를 늘려 다 같이 잘살자고 외친다. 증세를 통해 나랏빚을 줄여나가자는 주장도 크다. 이런 요구가 받아들여져 실제 진행이 된다면 우리가 잘사는 길로 갈 수 있을까? 분명 앞서 언급한 모든 내용이 잘사는 길로 향하는 방향은 맞다. 하지만 우리 경제가 자생력을 갖기에는 앞서 언급한 것만으로는 턱없이 부족하다. 건강한 경제로 돌아가려면 새로움에 도전할 수 있는 국내 인프라 조성이 무엇보다 절실하다.

중국 선전深圳이 하드웨어 스타트업의 성지로 떠오르고 있다. 스타트업을 위한 다양한 기술과 부품과 재료가 준비되어 있기 때문이다. 심지어 실리콘밸리에서조차 선전을 찾아 발 빠른 시제품 제작을 시도하고 있다. 경쟁력 있는 인프라가 있는 장소라면 세계의 스타트업이 너도나도 모인다. 우리가 무엇을 추구해야 하는지 답은 명확하다.

그렇다면 우리는 인프라를 어느 수준으로 갖추어야 할까? 적정 인프라 조성을 가늠할 수 있는 쉬운 진단 방법이 있다. 당신이 새로운 스타트업을 시도한다고 가정해보자. 이때 필요한 기술을 어디에 가서 어떻게 구할 수 있는지 몇 번의 인터넷 검색으로 떠올릴 수 있다면 해당 인프라가 잘 갖추어져 있다고 여길 수 있다. 예를 들어 당신이 새로운 기어Gear 형태를 고안해서 기어 시제품 제작을 시도한다면, 기어 시제품 제작이 가능한 곳을 쉽게 찾을 수 있어야 한다. 스타트업 아이디어를 갖고 있는 사람이 어디로 가야 자신의 아이디어를 실제 현실에서 구현할 수 있는지 알 수 있어야 한다는 말이다.

근래 서울 성수동이 수제화 거리로 유명하다. 새로운 신발 디자인이나 기능성 신발에 도전하는 스타트업은 성수동에 가서 장인들을 만나보고, 성수동에 자리한 보육센터에 방문하여 도움을 청하면 다른 곳에서 시도하는 것보다 구현 가능성이 높을 수밖에 없다. 이렇듯 사람들이 쉽게 떠올릴 수 있을 정도의 인프라가 생기면 새로운 스타트업 탄생을 위한 배경이 어느 정도 마련되었다고 볼 수 있다. 요즘 서울에는 유명한 거리들이 지속 발생하고 있다. 북촌, 서촌, 경리단길, 가로수길 등이 그 예다. 하지만 모두 '소비의 거리'다. 부의 창출이 이루어질 수 있는 '생산의 거리'가 다시 우리에게 필요하다.

하드웨어 스타트업은 기술 수요 및 공급에 대한 다양성이 존재해야 그 바탕에서 피어날 수 있다. 이것은 소프트웨어 스타트업과 비교해 가장 큰 차이점이다. 그나마 최근 대기업들이 매우 바람직한 활동을 시행하기 시작했다. 보유한 특허나 기술 중 무리가 없는 분야에 대해 중소기업과 스타트업에 공개하고 활용할 수 있도록 조치를 하고 있다. 다양성이 죽어버린 현 상황에 이런 모색을 통해서라도 불씨를 살려야 한다. 이런 노력과 더불어 인프라가 강화될 수 있도록 분산되어 있는 인프라는 모으고 약한 인프라는 새로이 구축하는 노력이 절실히 요구된다. 허약해진 인프라는 내공도 약하다. 허약해진 인프라를 다시 제대로 세우려면 처음보다 몇 배의 노력이 필요하다. 시간이 지체되면 될수록 더 많은 비용과 시간이 투자되어야 원상 복구가 가능하다. 기반이 약해졌기에 기초를 다지는 수고가 더 소요되는 것이다. 단기 부양책은 더 이상 불필요하다. 사라지는 국내 인프라를 반드시 살려야 하는 지금이다.

우리가 트렌드를
만들어내지 못하는 이유

　　　　　　　　　사회 전반의 변화 속도가 점점 더
빨라지고 있다. 기술이나 상품이 하루아침에 흥했다가 불현듯 사라
진다. 어느 스마트폰 게임이 한창 유행할 때는 생면부지의 사람에게
서 게임 초대 메시지를 받기도 했다. 하지만 지금은 어떠한가? 언제 그
랬냐는 듯 해당 모바일 게임을 즐기는 사람이 현격히 줄었다. 비슷한
게임도 여럿 출시됐다. 포털 사이트 실시간 검색어 순위를 보면, 지금
이 순간 사람들의 주요 관심사를 알 수 있다. 무언가가 사람들의 관심
을 끌면 들에 불길 번지듯 빠른 속도로 확장된다. 1과 0으로 모든 걸
표현할 수 있는 현재의 디지털 공유 사회는 이슈화도 쉽고 그만큼 가
라앉기도 쉽다. 판단과 실행의 속도가 상상 이상이다. 검색 몇 번, 클

릭 몇 번 후 비용을 지불한다. 궁금한 건 바로 확인한다. 기다리거나 심사숙고하는 일이 점점 줄어든다. 상황이 이러하기에 트렌드 예측 또한 점점 더 어려워지고 있다.

우리는 미래 트렌드를 잘 살펴야 한다. 실제 미래 트렌드 관련 책이 베스트셀러에 오르기 시작한 때는 2010년부터이다. 급격히 미래 예측이 중요해진 반면, 예측은 쉽지 않기에 그렇다. 하지만 여러 트렌드 중 우리나라에서 발생한 트렌드는 찾아보기 어렵다. '한류'로 명해진 드라마나 영화, K-POP 등을 제외하면 우리가 만들어낸 트렌드는 쉽게 떠오르지 않는다. 드론, 3D 프린팅, 스마트폰, 웨어러블 디바이스 등 최근 이슈로 떠오른 대부분의 트렌드는 모두 우리가 시발점이 아니다. 각 분야의 실질적인 주도를 보면 드론은 중국, 3D 프린팅은 미국과 독일을 위시한 유럽, 스마트폰과 웨어러블 디바이스 또한 미국이 트렌드를 이끌고 있다고 해도 과언이 아니다.

의문이 생기지 않는가? 우리는 왜 트렌드를 만들어내지 못하는 걸까? 다른 나라들은 우리와 뭐가 달라 이리도 트렌드를 잘 만드는 걸까? 우리는 왜 남들이 만든 트렌드를 항상 1~2년 혹은 2~3년 터울로 쫓고만 있을까?

먼저 드론을 보자. 드론은 원래 군사용이었다. 1930년대 영국에서 사격 훈련이 가능토록 비행체를 제작하여 움직이는 표적으로 사용한 것이 그 기원이다(그 이전에 드론이라는 명칭 없이 무인 풍선 등이 시도된 적은 있다). 이후 군사작전에 드론이 활용될 때마다 뉴스거리로 등장했다. 하지만 상업용 드론이 부각된 건 2013년 아마존에서 드론 배송을 검토하고 있다는 소식과 함께다. 이어 2014년 페이스북이 영국 드론 제조사인 에센타를 인수하고 구글이 드론 업체인 타이탄을 인수했다는 소식으로 사람들의 본격적인 관심을 받게 되었다. 하지만 우리나라는 2015년부터 본격적인 드론 붐이 일었다. 각종 협회가 생기고 세미나가 개최되고 있다. 실제 드론을 날리기 위해 구매하는 사람들이 속속 늘어난다. 여기서 우리가 의미 있게 봐야 할 포인트가 있다. 국제적으로 상업용 드론 제조는 중국이 앞서나가고 있다. 실제 중국 드론 업체 DJI 사의 세계 점유율이 가장 높으며 중국 내에 드론 제조사만 70개가 넘게 존재한다. 국내에서 국민 드론이라고 불리는 저렴하면서 성능 좋은 드론들은 대부분 중국 브랜드다.

그렇다면 중국이 그 어느 나라보다 드론 강국이 된 이유는 뭘까? 미래 트렌드를 확인한 중국 정부가 인위적으로 국책 과제를 만들어낸 결과일까, 아니면 선두 업체인 DJI 사가 산업계에 영향을 미쳐 트렌드를 확인한 업체들이 너도나도 드론을 제조하면서 발생한 걸까? 놀랍게도 중국 드론 제조사의 대부분은 통신 관련 기업이나 첨단 전자제품을 만들던 회사들이 아니다. 완구 제조사다. 중국에서 장난감 제조사들이 새로운 장난감을 만들기 위해 진화하는 과정에서 드론 제조가 다른 나라보다 보편화된 것이다. 그럼 우리나라 장난감 제조사들은 어떠한가? 거의 매년 코엑스 전시장에서는 완구 박람회가 열린다. 30년이 넘은 전통적인 행사지만 그런 만큼 대부분 기존 완구의 유형에 치중한다. 완구 박람회의 관람객은 점점 줄어든다. 만약 우리나라 완구 업체들이 중국 업체들처럼 드론을 개발해왔다면 가격이 중국보다 좀 비쌀지언정 중국에서 수입되는 드론 물량의 상당 부분을 대체할 수 있었을 것이다.

3D 프린팅도 마찬가지다. 최근에 3D 프린팅이 일반인들에게 널리 알려진 근본 배경에는 영국 바스대학의 아드리안 보이어Adrian Bowyer 기계공학과 교수가 있다. 누구나 3D 프린터를 만들 수 있도록 2004년부터 렙랩Reprap이라는 프로젝트을 운영했는데, 그 연구 결과를 인터넷에 모두 공개한 것이다. 이는 GPLGeneral Public License 로 일컫는 오픈소스 라이선스를 말한다. 이로써 렙랩의 결과물은 상업적으로 누구나 이용할 수 있다. 여기에 3D 프린터 업체인 스트라타시스Stratasys 가 보유한 FDM 방식의 특허권이 2009년 만료되면서 2004년부터 연구해온 렙랩 프로젝트가 빛을 발하게 됐다. 이 시점을 기점으로 국내외 주요 3D 프린터 메이커부터 중국산 3D 프린터 제품까지 개인용 3D 프린터가 봇물 터지듯 나오기 시작했다. 음식, 건축 등 다양한 재료의 다양한 시도가 가능한 것도 같은 맥락이다. 우리나라는 미국, 네덜란드 등 앞선 나라들에 비해 약 2~3년 뒤에 붐이 일었다.

맥락을 보자. 영국의 한 기계공학과 교수가 자신이 연구한 업적을

순수한 연구물로 여기어 일반인들에게 무료로 공개한다. 전 세계 일반인 중 새로운 물건을 직접 만들기 좋아하는 메이커들이 정보를 얻어 재미있게 해당 기술을 다변화시킨다(실제 Reprap.org 사이트에 가면 일반인들이 만들어낸 다양한 3D 프린터 계통도를 볼 수 있다). 연구하고 사용하는 사람들이 늘어나니 산업용 3D 프린터까지 관심의 대상이 되어 본격적인 트렌드 궤도에 올랐다.

사실 요즘도 렙랩에 근거한 개인용 3D 프린터를 장난감 만드는 기계 정도로 비하하는 사람들이 많다. 보이어 교수가 공개한 렙랩 프로젝트는 외형상으로만 보면 장난감 만드는 기계와 다르지 않다. 시간을 돌려 보이어 교수가 렙랩 프로젝트를 오픈 직후인 2005~2006년으로 돌아갈 수 있다고 가정해보자. 과연 당신은 이게 미래의 큰 트렌드가 될 것으로 여기고 자신의 시간을 들여 연구할 수 있겠는가? 자신의 직업 혹은 자신이 잘 아는 분야에서 신기술을 잘 받아들여 새로운 제품을 만들어내려는 시도가 바로 트렌드를 만들어내는 핵심이다. 도전하는 사람들에게 내려주는 혜택인 것이다.

실내 골프도 마찬가지다. 골프존 김영찬 사장이 최초에 골프 시뮬레이터를 개발할 당시, 전국 골프장 서너 곳당 한 대만 팔자는 목표로 시작했다고 한다. 우리나라 직장인들의 놀이 문화를 바꿀 정도의 트렌드로 자리 잡을 수 있을지 전혀 예측하지 못했다. 자기가 잘 알고 즐기는 골프와 IT 기술을 접목했기에 트렌드화될 수 있었던 것이다.

어느 분야가 언제 트렌드로 부상할지 확언할 수 있는 사람은 없다. 따라서 '자신의 업業에 접목 가능한 적정 기술을 지속적으로 녹이는 것'이 실질적인 트렌드를 만들 수 있는 거의 유일한 방법이다. 해외에는 지금 이 순간에도 자신이 잘 알거나 좋아하는 분야에 새로운 기술을 접목시키려는 시도가 늘 존재한다. 남의 도전을 결과까지 확인하고 성공할 것 같으면 부랴부랴 따라가는 전략은 이제 우리나라 말고도 시도하는 나라가 많다. 트렌드를 만들어내는 나라로 변신해야 한다. 그렇지 않으면 지금의 인구 감소와 맞물린 경기 침체를 벗어날 길이 없다. 하드웨어 스타트업에 대한 도전과 지지를 통해 우리나라에서도 멋진 트렌드가 만들어지는 그날이 꼭 와야 하겠다.

일자리 창출의 원동력, 하드웨어 스타트업

많은 사람이 스마트폰을 사용한다. 우리나라뿐 아니라 전 세계 많은 이가 스마트폰을 휴대하기에 이와 관련된 스타트업을 시도하려는 이들로 넘쳐난다. 실제로 스마트폰 사용자 특정 집단의 니즈^{needs}를 충족시키거나, 기존에 접하지 못한 서비스를 제공하면 순식간에 성공의 반열에 오를 수 있다. 이에 스타트업이라고 하면 으레 카카오톡이나 배달의민족, 직방 같은 스마트폰 연관 앱과 서비스를 떠올린다. 하지만 성공 스타트업을 꿈꾸는 이들(특히 2030의 젊은 층)이 너도나도 뜰 만한 앱 개발에만 몰두하는 것이 과연 바람직할까?

하드웨어 스타트업은 일자리 창출에 크게 기여한다. 제품은 현물이다. 물건을 만들고 유통하려면 최소 다음의 8단계를 거쳐야 한다. 바로 기획 → 디자인 → 설계 → 시제품 제작 → 신뢰성 확보 → 제품 생산 → 유통 → AS다. 각 단계마다 사람이 필요하다. 더불어 각 단계가 소프트웨어 스타트업에 비해 상대적으로 많은 시간이 소요된다.

주요 일자리 창출의 상황을 살펴보자. 첫 번째로 시제품 제작이 필요하다. 제품에 대한 확신이 없는 상태에서 처음부터 큰돈을 들여 양산 금형을 제작하는 건 부담스럽다. 이에 상대적으로 저렴한 비용을 사용하여 시제품을 만든다. 하지만 시제품 제작 장비와 능력을 해당 하드웨어 스타트업이 갖고 있지 않는 경우가 대부분이다. (물론 최근 들어 3D 프린팅의 발달과 오픈소스의 범용화로 제작 가능한 경우도 있겠다. 정부 창업 지원 프로그램들 속에는 시제품 제작 비용을 지원하는 경우도 많다. 이 부분은 2장에서 자세히 다룬다.) 따라서 하드웨어 스타트업의 신제품 개발 시도는 시제품 제작의 일감을 만들어낸다.

두 번째로 신뢰성 평가 관련 일자리를 만들어낸다. 하드웨어 스타트업의 제품은 일반적으로 고객이 수년간 사용한다. 이에 제조사는 신뢰성 확보를 위한 다양한 테스트를 진행한다. 온도 테스트(고습 테스트, 고온 테스트, 열충격 테스트, 저온 테스트 등)와 내구성 테스트(낙하 테스트, 진동 테스트, 특정 부위 누름 테스트 등)는 기본이며, 해당 제품의 고유 특성에 따른 추가 테스트도 셀 수 없이 많다(예를 들면 휴대폰 신뢰성 테스트 룸에는 약 400개가 넘는 종류가 존재한다). 하드웨어 스타트업의 경우 수천만 원 하는 신뢰성 장비를 갖고 있지 않는 경우가 많다. 이에 신뢰성 평가가 가능한 회사에 일감을 맡긴다.

세 번째로 제품 생산을 위한 일자리가 탄생한다. 금형 설계, 금형 제작, 사출, 조립, 검사 등 각 단계별로 사람의 손길이 필요하다. 단일 제품이라도 물량이 늘어나면 사람은 더욱 많이 필요하다. 유통과 AS에서도 일자리를 만들어낸다. 하드웨어 스타트업이 탄생하여 정상적인 성장을 이뤄낼 경우, 하드웨어 스타트업 주변에 자신들보다 몇 배나 많은 일자리를 창출한다.

이에 반해 앱 개발 회사 등의 소프트웨어 스타트업은 어떠한가? 시제품(프로토타입) 제작과 양산 제품의 개발은 동일한 개발자로 가능하다. 따라서 시제품 제작을 위한 새로운 일자리 창출 효과는 미미하다. 물건을 제조하는 것이 아니기에 물리적 신뢰성 평가(온도 테스트와 내구성 테스트 등)는 아예 없다. 따라서 외부 신뢰성 평가기관에도 맡길 일감이 없다. 유통, 판매, AS 등 대부분이 온라인으로 이루어진다. 소프트웨어 스타트업이 성공하여 사용량이 증가해도 사람을 늘리기보다 서버 증설로 해결한다. 일자리 창출을 위해서는 소프트웨어 스타트업보다 다양한 하드웨어 스타트업이 반드시 도모돼야 한다.

2014년 말 이케아가 국내에 매장을 개장했다. 지금도 많은 사람이 찾고 있고 상품들이 매진될 정도로 인기가 높다. 이케아의 상품들은 외국에서 직수입되고 있다. 일반적으로 제조회사가 새로운 나라에 둥지를 틀 경우 상품의 일부를 현지 조달한다. 하지만 2015년 현재 우리나라에서 제품을 생산하는 양은 전무하다. 국내에서 만들어진 가구가 유통되고 판매되는 상황과 대비해 해외에서 수입된 가구가 유통되고 판매되는 상황은 얼마나 다를까? 우리나라 내에 제조 설비가 존재해야 한다. 재료가 있어야 하기에 가구 재료의 생산과 유통이 필요하다. 또한 가구 생산을 위한 일자리가 만들어진다. 하지만 해외로부터 가구가 수입되는 상황은 유통과 판매 외에 필요한 부분이 적다.

한샘은 매출 1조 3000억 원에 직원 수 약 2300명의 우리나라 굴지의 가구 제조사다. 이케아의 등장에 그 누구보다도 긴장하고 있을 것 같다. 만약 정말 만에 하나 국내에서 이케아의 성장이 지속되어 한샘의 매출에 심각한 타격을 입힌다고 가정해보자. 이는 한샘만의 문제가 아니다. 한샘과 연결된 재료 공급 회사들, 외주 협력사들, 대리점들까지 2300명의 몇 배에 해당하는 일자리가 걸린 문제인 것이다.

이미 존재하는 제조 산업을 지켜내는 것도 중요하다. 하지만 지켜낸다는 표현처럼 수동적인 대응으로는 이 험난한 경쟁의 시기를 돌파하기 어렵다. 새로운 하드웨어 스타트업 탄생을 통한 일자리 창출이 반드시 필요한 이유다. 4050세대는 다니던 회사가 무너지거나 경영악화를 만나면 다시 새로운 일자리를 얻기가 매우 어렵다. 2030세대는 학업을 마치고 첫 직장을 얻기가 쉽지 않다. 이런 상황에 반전을 가하기 위해서는 수동적인 일자리 확보 노력보다 능동적인 노력이 반드시 필요하다.

주변에서 하드웨어 스타트업을 시도하는 이들이 있는가? 격려를 아끼지 말고, 혹 도와줄 여력이 있다면 과감히 도와주었으면 좋겠다. 주변에서 하드웨어 스타트업을 수년간 운영하는 이들이 있는가? 의미 있는 일을 하고 있음에 대해 인정해주고 해당 회사의 제품 판매를 직간접적으로 도와주자. 본인이 하드웨어 스타트업을 준비 중이거나 진행 중이라면 사명의식과 자부심을 갖고 임하면 좋겠다.

우리의 아버지와 우리의 아들딸이 일할 수 있는 일자리를 만들고 유지하는 하드웨어 스타트업에 힘이 되어주자. 일자리 창출을 위한 단기 부양책보다 몇십 배, 몇백 배 더 의미 있는 일이다.

벤처캐피털의 투자가
30배 늘어난 이유

벤처캐피털^{venture capital}은 경영 기반
이 약해 금융기관으로부터 융자받기 어려운 벤처기업에 무담보 주식
투자 방식으로 투자하는 기업이나 자본을 말한다. 스타트업에 자금
을 지원한 후 해당 스타트업이 성장하면 보유 주식을 매각하여 투자
금을 회수하고 수익을 얻는다. 따라서 성장 가능성에 주목하여 투자
하는 것이 벤처캐피털의 기본이다.

다음 페이지 위의 그래프를 보면 2010년 하드웨어 스타트업에 대
한 벤처캐피털의 펀딩 금액은 약 100만 달러였다. 하지만 2015년 약
30배가 넘는 35억 달러에 육박하는 모습이다. 볼트^{Bolt}라는 미국 벤처
창업투자사에서 만든 자료이다. 아래 그래프는 디제이엑스 벤처소스

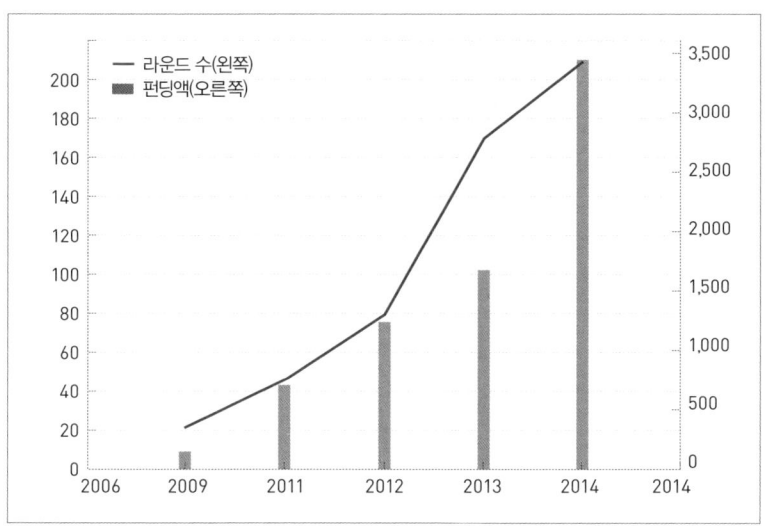

▶ 연도별 벤처캐피털에서 투자한 라운드 수와 펀딩액. 볼트 미국 벤처창업투자사 홈페이지:
https://www.bolt.io

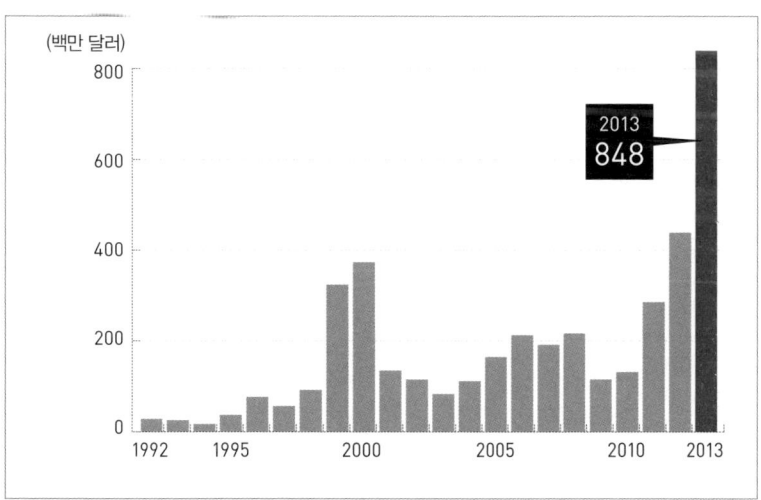

▶ 연도별 벤처캐피털에서 투자한 전자제품 하드웨어 스타트업에 투자된 금액:
디제이엑스 벤처소스

DJX VentureSource에서 미국 내 1992~2013년 벤처캐피털이 전자제품 하드웨어 스타트업에 투자한 연도별 금액 그래프다. 2013년에 폭발적으로 증가했고, 금액은 한화 약 9500억 원에 이른다. 둘 다 하드웨어 스타트업에 관한 벤처캐피털의 투자액은 맞으나 집계 범위와 통계 방법의 차이로 금액 차이가 발생한 것으로 보인다. 여기서 중요한 점은 금액 자체도 중요하지만, 하드웨어 스타트업에 대한 투자가 급격히 늘어나는 것이 대세라는 점이다.

그렇다면 과거보다 하드웨어 스타트업을 시도할 수 있는 여건이 좋아진(3D 프린터나 오픈소스에 힘입어 시제품 생산이 손쉬워지고, 크라우드 펀딩의 대중화로 자금에 대한 압박이 줄어들어) 것 때문에 이렇게 급격한 투자 증가가 이루어졌을까? 단순히 하드웨어 스타트업에 대한 시도가 늘어난 것 때문에 투자 금액이 4~5년 사이 30배나 늘어났다고 여기기에는 30배라는 수치가 너무나 크다.

2015년 3월 맥킨지앤드컴퍼니McKinsey&Company에서 우리나라 스타트업 생태계 조성의 문제점과 이에 대한 극복 방안을 언급한 보고서를 발행했다(https://tmt.mckinsey.com/about/korea_startup_ecosystem-2015-03, 맥킨지앤드컴퍼니는 1926년 제임스 맥킨지가 설립한 컨설팅 전문회사로 세계적으로 가장 영향력 있는 컨설팅 회사 중의 하나로 꼽힌다). 국내 스타트업 생태계 조성의 걸림돌 가운데 중요한 한 가지가 투자 자금에 대한 엑싯Exit(투자한 돈과 수익을 회수)이 느리고 쉽지 않다는 점을 언급했다. 그렇다. 투자의 목적은 분명하다. 투자한 돈 이상의 금액을 이른 시간에 회수할 수 있다고 여겨질 때 투자가 이루어진다. 따라서 47페이지 도표의 그래프가 급격한 상승을 보인 이유도 같다. 하드웨어 스타트업에 대한 투자가 다른 투자처 대비 상대적으로 빠르면서도 많은 돈을 벌 수 있게 해주기 때문이다.

　아래 그래프를 쉽게 이해한다면, 제일 오른쪽의 핏비트fitbit(미국 웨어러블 디바이스 제조사의 제품)에 투자한 투자가는 1달러의 투자로 평균 잡아 85억 달러, 한화로 약 10조 원의 돈을 회수할 수 있는 기회를

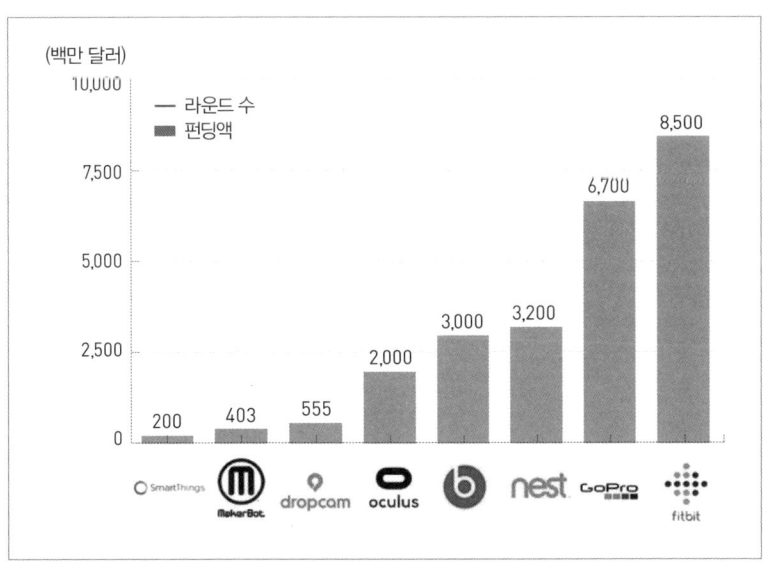

▶ 소비재 하드웨어 스타트업의 취득가격 대비 시가총액. 볼트 미국 벤처창업투자사 홈페이지: https://www.bolt.io

얻었다는 뜻이다. 물론 하드웨어 스타트업에 대한 돈이 많이 몰렸다는 뜻을 우수한 하드웨어 스타트업에 돈이 몰렸다고 해석할 수도 있겠다. 하지만 여기서 주목할 점은 앞의 도표와 같이 엄청난 기회를 얻기 위해서는 다른 어떤 재화에 대한 투자보다 하드웨어 스타트업에 투자해야 한다는 데 있다.

근래 4~5년 만에 하드웨어 스타트업에 대한 벤처캐피털의 투자가 30배 늘었다는 것은 상당히 고무적이다. 잘 만들어낸 하드웨어 스타트업 하나가 제품으로는 소비자에게, 자금으로는 투자자에게 큰 기쁨을 안겨줄 수 있는 것이다.

저성장의 시대,
내공과 방향이 중요하다

불과 몇 년 전까지 경기가 나쁘지 않았다. 결핍을 동기부여 삼아 열심히 선진국을 모방해 격차를 줄이려 했고 실제 성과도 좋았다. 일자리를 크게 걱정할 필요가 없었다. 오히려 대기업만 선호하고 힘든 일을 마다해서 중소기업들이 인력을 채용하기 어렵다고 하던 시절까지 있었다. 하지만 지금은 아니다. 글로벌 공급과잉 기조로 유가는 지속 약세를 보이고 있으며 일본과 미국의 양적완화는 우리나라의 수출경쟁력을 한껏 약화시키고 있다. 추격자의 신세를 유지하다 못해 실업의 증가와 국가 부채의 증가가 우리의 현실이다. 새로운 제품 범주를 만들어내지 못하는 우리나라 기업들에게 창의적이고 저렴한 제품만 살아남는 현시대는 가혹한 형벌

과도 같다.

저성장의 시대를 헤쳐나가는 방법은 무엇일까? 필자가 생각하는 답은 2가지로 압축된다. 첫째, 각 개인과 기업이 자신의 핵심역량을 꾸준히 지켜나가야 한다. 자신의 핵심역량을 지켜나간다는 말은 본인 분야에서 다른 나라에 밀리지 않는 노력을 하는 것과 동시에 돈이 된다고 여기저기 기웃대지 않는다는 뜻이다. 이것저것 시류에 흔들려 중심을 잡지 못하는 게 아니라 꾸준히 자신의 분야에서 경쟁력을 쌓는 것을 말한다. 스타트업의 관점으로 보면, 도전하고 싶은 분야를 정했다면 꾸준히 해당 분야를 두들긴다는 맥락이다. 둘째, 새로운 기술이나 트렌드를 모색하여 기존의 핵심역량에 시너지 나는 새로운 핵심역량화에 꾸준히 노력해야 한다. 자신들이 해당 업에서 제아무리 잘되고 있다 해도 자만하지 않고 새로운 기술과 트렌드를 자신들의 분야에 접목해야 한다는 뜻이다.

1990년대까지 올림픽에서 일본 '야마하' 상표의 양궁 활을 사용하는 선수들을 쉽게 볼 수 있었다. 하지만 2000년대 들어 야마하는 '윈엔윈'이라는 국내 기업에 완전히 밀려났다. 갑자기 튀어나온 윈엔윈은 도대체 어떻게 해서 일본의 강자를 물리치며 세계 1등의 자리에 올라설 수 있었을까? 박경래 윈엔윈 대표는 양궁 국가대표 선수 출신으로, 국가대표 코치와 감독을 역임했다. 박 대표는 이른 나이인 30대 중반에 감독이 되었다. 활 제조 기술이 없던 우리나라 선수들이 미국, 일본, 프랑스제 활을 사용하는 것을 보며 늘 안타까워했다. 더 큰 포부를 가졌다. 이에 자신의 양궁 실력을 토대로 활 제조업에 도전했다. 윈엔윈 설립 후 2년 만인 1995년 첫 활을 출시했으나 결함이 많아 출시 물량 전량을 회수했다. 카본 소재를 다루는 기술이 부족했다. 하지만 1996년 시판한 두 번째 활은 달랐다. 시장에서 반응이 좋았다. 이를 토대로 2002년 야마하 일본 생산라인을 인수하기에 이른다. 카본 소재 기술을 잘 다루어 현재 세계 시장점유율은 60%를 넘는다. 그런데 여기서 끝이 아니다. 양궁 활 제조의 핵심 기술인 카본 기술을 토대로 2012년부터 '위아위스'라는 회사를 설립하여 스포츠자전거 제조업에 뛰어들었다. 확보하고 있던 핵심역량을 지켜나감과 동시에 다른 산업 분야에까지 접목한다. 위아위스는 2015년 3월 자전거 동호인을 위한 전용 트랙을 갖춘 기흥파크를 열었다.

근래 한 대기업에서 해외 유명 자전거 유봉업에 뛰어들어 구설수에 올랐다. 황무지에서 기술을 축적하고 그 기술을 활용하여 새로운 하드웨어 생산업에 뛰어드는 강소기업이 있다. 반면 자본을 바탕으로 새로운 부가가치를 창출하는 것이 아니라 외국 기업 제품의 유통으로 돈을 벌려는 대기업이 있다. 앞서 계속 언급한 바와 같이 하드웨어 스타트업은 일자리 창출의 일등공신이다. 누구에게 더 많은 혜택과 칭찬을 해야 하는가? 명확하다.

실내에서 골프 라운딩을 즐길 수 있는 스크린골프는 이제 2조 원이 넘는 시장으로 발전했다. 스크린골프의 최초 시작은 미국의 골프용품 회사의 시뮬레이터였다. 하지만 본격적인 대중화는 우리나라의 골프존유원홀딩스 김영찬 회장에 의해 이루어졌다. 그는 삼성전자에서 전화교환기, 팩시밀리 관련 시스템사업부장으로 퇴직한 뒤 새로운 창업을 위해 고민했다. 본인이 잘했고 앞으로도 잘할 수 있는 핵심역량을 꼽아보니 정보통신, 인터넷, 골프로 모였다. 이를 토대로 2000년 골프존을 창업했다. 창업 후 2년 만에 첫 매출을 올렸다. 그러고는 매년 30% 이상의 성장세를 이뤘다. 시장에 없던 실내 골프라는 새로운 가치를 고객에게 전달했다. 골프존의 핵심역량은 실제 골프 스윙 및 타격을 화면 속의 가상 필드와 일치시키는 기술이다. 골프존은 이 핵심역량을 더욱 발전시켜 나가려 한다. 스크린골프에 이어 스크린야구를 도입한다. 또한 실내에서 가상현실^{VR}을 즐길 수 있는 각종 첨단 서비스를 실시하겠다는 포부도 밝혔다. 새로운 영역을 발굴하여 키우고, 그러면서 갖게 된 핵심역량을 더욱 견고히 하여 핵심역량으로 가능한 또 다른 분야에 도전한다.

지금 마이크로소프트, 구글, 록히드마틴 등 해외의 굴지 기업들이 가상현실 생태계를 만드느라 여념이 없다. 스키 고글 모양의 가상현실 장비를 착용하면 벽에 벽걸이 TV가 나타나고 게임도 가상으로 즐길 수 있다. 하지만 우리의 일상생활에서 쉽게 가상현실을 접하지 못하기에 이러한 해외 거대 기업들의 시도는 피부에 와 닿지 않는다. 그러나 골프존과 같은 기업들로 인해 해외 기업들과 가상현실 생태계에서 경쟁 구도가 만들어져야 한다.

위아위스와 골프존의 사례 모두 스타트업을 시작할 때 리더가 본인이 잘 알고 있는 경험을 토대로 새로운 도전을 했다. 또 다른 공통점은 하드웨어 개발에 대한 직접적인 경험이 없는 상태에서 도전했다는 점이다. 평상시 관찰한 자신의 영역에서 필요한 가치를 찾아서 하드웨어 스타트업에 뛰어든 것이다. 이런 기업들의 사회 공헌도는 이루 말할 수 없다. 국가대표 양궁 선수, 양궁 감독을 역임하고 나면 그 유명세로 으레 중·고등학교 감독을 하는 등의 코스가 있지 않은가? 유명 대기업에 근무하다 퇴직하면 중소기업 임원으로 이직하거나 대기업에서 알게 된 영업망을 이용하여 대리점을 차리기가 일쑤다. 하지만 위아위스와 골프존의 리더는 달랐다.

물건이 넘쳐나고 경기가 다운되는 현시대다. 어제보다 오늘 더 사람들이 지갑을 열지 않는다. 뭘 내다 팔아도 잘 팔리던 시절은 갔다. 내공이 있고 그 내공을 지속해서 키워나가야 한다. 내공을 소유하면 가치를 보는 눈이 생기고 그것을 토대로 도전하면 남들과 차별화된 길로 갈 수 있다. 양궁 선수에서 자전거 제조까지, 대기업 부장에서 가상현실 생태계 구현 회사까지 모두 큰 방향성을 잃지 않았기에 가능했다. 하드웨어 스타트업은 반드시 권장되어야 한다. 그 나라의 미래는 하드웨어 스타트업에 달려 있다 해도 과언이 아니다. 내공과 방향

성을 갖고 있는 사람이라면 본인을 위해서도, 우리나라를 위해서도
반드시 도전이 필요하다.

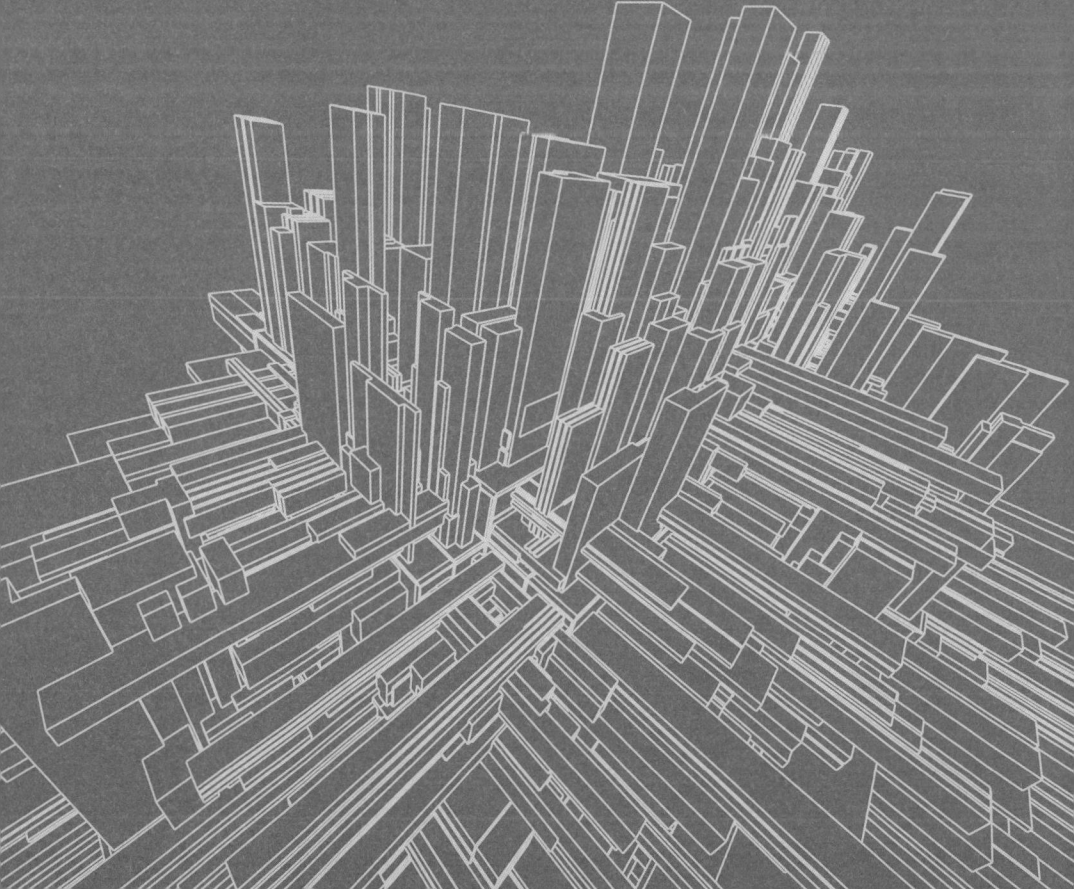

02
가치 창출의 보고,
하드웨어 스타트업

스타트업의 토대를 만드는
해외

과거에는 제품을 제조하려면 제조
회사에 의뢰해야만 제품을 만들 수 있었다. 설계, 금형, 사출, 보드 제
작 등 모든 작업이 대량생산에 근거한 각종 장비가 있어야만 가능했
기 때문이다. 하지만 지금은 오픈소스로 이루어진 3D 프린터와 아두
이노 회로의 조합으로 사람들 각자가 직접 물건을 만드는 데 걸림돌
이 상당 부분 사라졌다. 실제로 3D 프린터와 아두이노 회로 관련 하
드웨어 스타트업이 전 세계적으로 다수 생겨나고 있다.

팹랩^{Fab Lab}은 Fabrication Laboratory의 약자이다. 팹랩의 시초는
미국 메사추세츠공과대학^{MIT}에서 주변 빈곤층에 시제품을 만들 수
있는 공간을 제공하는 것으로 시작된 일종의 공작소다.

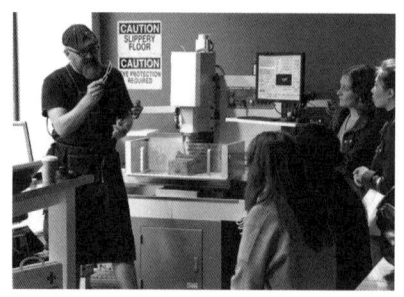
▶ GE 팹랩:
http://www.gereports.com

▶ 일리노이대학 부설 팹랩:
http://www.istem.illinois.edu

　　그런데 위의 사진을 보면 GE 팹랩뿐 아니라, 일리노이대학 부설 팹랩에서도 나이가 지긋한 장년층이 어린 학생에게 무언가 만드는 방법을 알려주고 있다. 위 미국 사례에서 알 수 있듯 초등학교 저학년 때에는 나이 지긋한 어르신 선생님에게 모델링 방법과 도구 다루는 방법을 배운다. 중·고등학교에 이르러 창작 활동이 왕성한 시기에는 그에 걸맞게 젊은 선생님들이 나서서 실제 창작물을 고안하는 데 어려움이 없도록 지도한다.

　　미국 매사추세츠 주에 자리한 NuVu 고등학교Experimental High School 학생들은 일상생활에 대해 배우고 연구하는 창의적인 학습을 한다. 다음 페이지 왼쪽 사진은 실제 소방관을 초청하여 '방화복 등의 도구와 생체 특성Wearables and Biometric'에 관한 인사이트를 얻는 모습이다. (소방관 뒤쪽으로 3D 프린터가 보인다.) 수업 시간에 새로운 인사이트를 얻은 학생들은 자유로운 창작 활동으로 결과물을 만든다. 물론 이때 3D 프

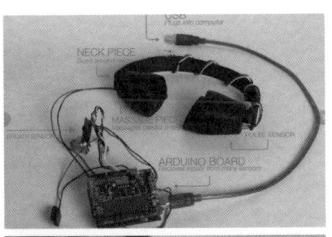

▶ 학교에 방문한 소방관들의 교육 모습(왼쪽),
10일 뒤 만들어낸 소방관을 위한 디바이스(오른쪽).
https://cambridge.nuvustudio.com

린터와 아두이노를 활용한다. 학생들이므로 이 기기를 얼마에 팔아 얼마의 수익을 얻어야 하는가는 두 번째 관점이다. 우선은 창의적인 생각을 펼쳐내어 소방관들에게 필요한 도구를 만들어내는 쪽에 집중한다.

오른쪽 사진은 소방관이 다녀간 지 불과 10일 후 학생들이 만들어낸 소방관 보호기기다. 마음만 먹으면 누구나 구매해서 사용할 수 있는 아두이노 보드를 활용했고, 목에 거는 형태를 만들기 위해 3D 프린터로 넥피스neckpiece를 만들었다. 아마도 이 기기는 교육을 진행한 소방관들에게 전달될 것이다. 당연히 실제 효과나 상품성 여부를 명확하게 알 수 있을 것이다. 학생들이 직접 3D 프린터를 도구로 활용하도록 어릴 때부터 교육하는 사회 분위기다.

유럽도 이에 뒤지지 않는다. 우리나라 경상도 크기의 네덜란드를 보자. 초등학교부터 교과과정 내에 기업가에 대해 배운다. 중·고등학교를 거치면서 기술 기업에 대해 배우고 대학에 진학하면 창업할 수 있는 기반을 배운다. 네덜란드 내 기업 중 95% 이상이 직원 250명 이하 중소기업이다. 한 해에 10만 개 이상의 회사가 설립된다.

프랑스 이동통신사 프리모바일Free Mobile 의 자비에르 니엘Xavier Niel 회장은 스타트업 인재 양성을 위해 2013년 3월 에꼴 42Ecole 42라는 3년제 학교를 설립했다. 18~30세 청년이면 누구나 인터넷으로 입학 지원이 가능하다. IT에 대한 간단한 테스트를 통해 입학 후보자를 선정하며, 한 달간의 입학시험을 통해 최종 입학을 허가한다. 이곳에서 배출된 학생들은 진학이나 취업이 아닌 스타트업 창업을 목표로 3년을 보

▶ 프랑스 에꼴 42 교내 모습. www.meltycampus.fr

낸다.

　미국 및 유럽은 학생부터 장년층까지 어느 계층에 치우치지 않고 다양하게 창작 활동과 교육을 진행한다. 어릴 적부터 틀에 박힌 주입식 교육이 아니라 학생 스스로 영감을 얻고 생각을 키울 수 있도록 도와준다. 나이가 들었다고 실직의 길로 내몰리는 것이 아니라, 열정을 갖고 어린 학생들을 지도할 수 있다. 미국과 유럽에서 벌어지는 스타트업의 붐은 이렇듯 토대가 우리와 다르다. 늦었다고 할 때가 가장 빠르다. 2015년 4분기에 우리나라 전국 53개 대학에 테크숍이 생겼다. 테크숍은 3D 프린터를 구비한 아이디어 창작소다. 시제품 등 실제 제품으로 만들어보는 곳이다. 중소기업청에서 해외보다 열악한 우리의 환경을 간파하여 추경 예산을 확보했다. 그리고 산하 창업진흥원에서 실행에 옮겼다. 우선은 대학교 테크숍에서 가치 창출 교육이 제공된다. 늦었지만 너무나 잘한 행동이다. 2016년부터는 중·고등학교에서도 해외처럼 창의교육이 진행될 수 있는 여건이 마련되면 좋겠다.

　이전에 출간한 필자의 책을 읽고서 연락을 지속하고 있는 여고생이 있다. 청주 주성고등학교에 다니는 심효경 학생이다. 학교에 3D 프린터가 없었는데 동아리 선생님께 요청하여 3D 프린터 한 대를 구비하더니만, 일전에는 나에게 특강을 요청해 다녀왔다. 그래서 과학 선생님도 뵙고 동아리 학생들에게 프린팅 체험과 특강을 했다. 우리나라에도 외국 학생 이상으로 진취적이고 노력하는 학생들이 있다. 이제

어른들이 환경을 만들어줄 때다. 더 이상 늦으면 학생들도 경쟁력을 잃는다.

직접 제조의 시대, 미국과 유럽에 뒤진 감이 없지는 않지만 이제라도 가치 창출 교육을 통해 새로운 스타트업이 탄생할 수 있는 토대를 더욱 굳건히 만들어야 한다.

코카콜라와 퀄컴에는 넘치고, CJ제일제당과 LG전자엔 부족한 것

'혁신'이란 단어는 근래 거의 모든 기업에서 언급하는 키워드다. 경쟁이 치열한 현실에서 살아남아야 한다. 기존 성공 방정식과는 다른 해법, 즉 남과 다르게 행동해야만 한다는 강박 때문에 너도나도 '혁신'이라는 단어를 앞세운다. 입에다 혁신을 달고 다닐 정도로 언급되건만 실제는 어떠한가? 기업 내에서 기존과 다른 새로운 사업으로 도전할라치면 예상되는 작은 수익(당장은 시장성을 가늠할 수 없으므로 노력만큼 돈이 벌어진다는 확신이 없음)과 리스크(필요한 곳에 쓰일 돈이 낭비될 수 있다는 기회비용의 관점)에 아예 시작도 못 하는 게 대부분 회사의 현실이다.

코카콜라도 처음에는 회사 내부에서 혁신을 독려했다. 하지만

▶ 스타트업 지원 프로그램을 실행하는 코카콜라.
코카콜라 홈페이지: http://www.coca-colacompany.com/

130년 전통의 12만 9000명의 구성원으로 이루어진 코카콜라 내부에는 모험가보다는 매니저가 넘쳐났다. 혁신은 쉽지 않았다. 이런 분위기에 새로운 시도의 필요성을 느낀 것은 데이비드 버틀러David Butler 코카콜라 부사장이었다. 그는 〈비즈니스 인사이더〉(미국 인터넷신문으로, 2015년 10월 독일 악셀 슈프링어 사에 약 4000억 원에 인수됨)와의 인터뷰에서 다음과 같이 말했다.

"언제부턴가 작은 스타트업들이 거대한 비즈니스를 좌지우지하며 혼란을 주는 모습을 보았다. 이를 통해 코카콜라도 기술을 무시하면 안 되겠다는 생각을 하게 되었다."(http://www.businessinsider.

com/coca-cola-is-in-the-business-of-bottling-billion-dollar-startups-2015-5)

조그마한 스타트업들이 거대한 비즈니스를 좌로, 우로 혼돈을 주는 상황을 보고, 더 이상 기술을 무시할 상황이 아니라는 생각이 들었다고 언급한 것이다. 코카콜라는 2013년 파운더즈^{Founders} 프로그램(http://coca-colafounders.com/)을 시작했다. 스타트업 지원을 공식화한 것이다. 코카콜라와 관련 없는 스타트업도 지원을 아끼지 않는다. 코카콜라가 20%의 지분을 가지며 첫 번째 큰 고객이 되어준다. 다이어트 콜라로 알려진 '코카콜라 라이트'가 1974년에 개발되었다. 이쯤 되면 코카콜라는 정말 오래된 브랜드가 틀림없다. 하지만 코카콜라에 낡고 병약한 이미지는 보이지 않는다. 다양하고 참신한 광고 덕분이라고 생각할 수도 있겠다. 하지만 단순히 TV CF의 참신함 이상의 노력이 있기에 가능하다. 그런 노력 중에 스타트업에 대한 아낌없는 지원도 분명히 역할을 하고 있다.

퀄컴벤처스^{Qualcommventures}는 2000년 미국에서 설립된 퀄컴의 스타트업 투자 전문기업이다. 미국을 비롯해 유럽, 남미, 중국, 인도, 이스라엘, 한국에서 총 20여 명의 투자 전문가들이 5000억 규모의 투자를 집행하고 있고, 한국에서는 2010년 처음 투자를 시작해 현재까지 12개의 회사에 투자를 집행하고 있다. 퀄컴은 1985년에 설립된 CDMA 원천기술을 갖고 있는 기업이다. 다수의 스마트폰 브랜드에서

▶ 퀄컴벤처스에서 투자한 하드웨어 스타트업들.
  퀄컴벤처스 홈페이지: https://qualcommventures.com/portfolio/business-sector/

채택하는 MSM^{Mobile Station Modem} 칩과 스냅드래곤^{Snapdragon}이라는 모바일 SoC^{System on Chip} 칩셋 등을 주력으로 만든다.

퀄컴이 스타트업에 대해 투자하는 이유는 크게 보면 3가지다. 우선 자신들의 주력 칩셋을 사용하는 스타트업 중 성장할 업체를 발굴하여 잘 커나갈 수 있도록 지원한다. 두 번째는 퀄컴이 선호하는 투자 방식 그 자체다. 다양한 스타트업에 투자하여 이 중 몇 곳만 성공해도 나머지 손실을 성공한 스타트업 투자가 메꾸어준다. M&A를 통해 직접적인 인수를 시도하는 것도 투자의 방법이나, 모기업의 역량이 분산될 수도 있는 등 기업의 퍼포먼스 저하를 오히려 좋게 생각하지 않는 것으로 보인다. 이 때문에 퀄컴은 많은 스타트업에 투자하지만 M&A에까지 이르는 기업은 극히 적다. 세 번째는 새로운 트렌드에 적절히 올라탈 수 있기 때문이다. 퀄컴은 2015년 3월 5000만 달러(약 550억 원)를 드론 제조사인 3DR(3D로보틱스)에 투자했다. 이로써 3D로보틱

하드웨어 스타트업

스는 미국 민간 드론 제조사 중 가장 큰 투자를 받았다. 퀄컴은 드론 분야에 자신들의 칩셋이 자연스레 사용되도록 노력 중이다.

코카콜라와 퀄컴처럼 식음료와 전자기기 관련 우리나라 대기업은 스타트업 투자에 대해 어느 정도 관심을 갖고 있을까? 내가 제목에서처럼 CJ제일제당과 LG전자를 언급한 것은 이 기업들을 싫어하거나 다른 의도가 있음이 전혀 아니다. 오히려 나는 이 두 기업과 연관된 제품 및 서비스를 아주 감사히 애용하는 유저다. 다만 두 기업을 콕 짚어 이야기한 것은 우리나라 대표 기업 중에서 상징성을 띠게 하고자 함이며 또 이 두 기업을 내가 좋아해서다. CJ제일제당과 LG전자의 스타트업 지원은 크게 없었다. 인터넷 검색 등으로 사례가 거의 확인되지 않는다. 큰 기업이기에 아마도 코카콜라와 같은 관성이 있어 보인다. 하지만 왜 해외 기업들이 너도나도 스타트업 투자에 노력하는지 생각해보았으면 한다. 투자의 한 방식으로 치부하기에는 스타트업에 대한 지원과 활성화를 학수고대하는 이들이 너무나 많다. 해외 대기업들의 투자 노력에 준하는 우리나라 대기업들의 노력이 필요하다. 성장성이 충분한 국내 스타트업이 해외 투자처에만 의존하여 국외 탈출에만 노력한다면 국내 스타트업 붐업을 위한 인프라는 점점 씨가 마를 것이기에 그렇다.

다행스러운 건 근래 각 지역 거점에 생긴 창조경제혁신센터와 주요 대기업의 연계 프로그램이다. 나도 얼마 전까지만 해도 창조경제가 도

대체 무엇을 의미하는가에 대해 의문을 품은 사람 중의 하나였다. 실제 창조경제혁신센터가 기획되고 설립되는 동안에 '이런 기획이 우리나라 산업 발전에 무슨 도움이 되겠는가?'라며 회의적인 시선을 보내는 사람들을 다수 만났고 그들과 이야기를 나누면서다.

하지만 이제는 처음과 다른 생각을 갖고 있다. 이유는 2가지다. 첫 번째는 해외 투자 분위기와 우리나라 투자 분위기가 사뭇 다른 상황을 면밀히 파악하고 나서는 내가 생각하는 창조경제의 실체가 명확해졌기 때문이다. 이미 사업을 잘 수행하여 대기업으로 발전한 거대 기업들은 이제 자라나는 스타트업을 위해 투자를 아끼지 말라는 것이 그 실체다. 코카콜라와 퀄컴처럼 자신들을 위해서도, 그리고 우리나라 산업 발전을 위해서도 자본을 갖고 있는 대기업들이 스타트업에 대한 투자를 과감히 진행해야 선순환이 일어난다. 대기업들은 스타트업의 지원이나 투자를 형식적으로 진행하지 말고 사력을 다해 진행해 주길 요망한다. 그것이 해당 대기업에도 좋은 일이며 나라 경제도 살리는 길이기 때문이다.

두 번째는 창조경제타운, 창조경제혁신센터, 중소기업청, 창업진흥원, 경기콘텐츠진흥원 등에서 우리나라 경제 부흥과 스타트업 활성화를 위해 헌신하는 분들을 많이 만나면서다. 과거처럼 자신의 위치 지키기나 잇속 챙기기에 바쁜 공무원들과 다르다. 따라서 스타트업을 꿈꾸는 독자들이 있다면 이런 기관들을 잘 활용해야 한다. 그냥 형식만 갖추고 시늉만 하는 곳이 아니다. 어디서 어떤 방법으로 스타트업을 꾸려나갈지 모르겠는 분들은 꼭 해당 기관들의 프로그램에 관심을 가질 필요가 있다.

경제 활성화를 위해 우리나라 대기업들의 스타트업 부흥 노력이 지금보다 훨씬 효율적이고 적극적으로 진행되기를 기대한다.

블루투스 카메라로
5번에 걸쳐 40억을 투자받다

하드웨어 스타트업을 떠올리면 사
물인터넷과 관련된 GPS, 블루투스, 와이파이, 스마트폰 등등의 키워
드들이 생각나기 마련이다. 이와 관련한 다양한 디바이스들이 이미
시장에 많이 나와 있다. 블루투스 카메라도 많은 종류가 출시된 상태
다. 이 중 소형으로 휴대가 간편한 블루투스 카메라를 아마존(www.
amazon.com)에서 검색해보니 107종이나 나온다. 사실 블루투스 모
듈과 배터리, 카메라를 넣은 블루투스 카메라는 개발자들이 개발하
기에 기술적 난이도가 높지 않다. 따라서 제품도 많은 것이다. 실제 블
루투스 카메라를 구매해서 분해한 적이 있다. 매우 작게 잘 만든 제품
이라 분해해보았지만 역시나 특이한 점은 발견하지 못했었다.

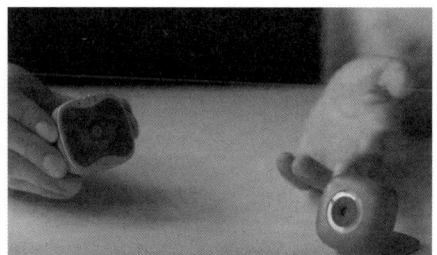

▶ 블루투스 카메라 포도. 포도 홈페이지: http://www.podolabs.com/

포도랩스^{Podo Labs}는 한국 국적의 유학생 최재훈 CEO가 설립한 하드
웨어 스타트업이다. 15세에 유학을 가 처음에는 버클리 캘리포니아 주
립대학 의대로 입학했으나 2학년 때 경제학과로 옮겼다. 투자회사의
인턴으로 일하며 벤처기업에 대한 경험을 얻었고 이를 토대로 대학
졸업 후 캘리포니아 산타클라라에 포도랩스를 세웠다. 2013년 3월
킥스타터 클라우드 펀딩에 도전하여 1개월 뒤 무려 3609명의 후원자
로부터 42만 7000달러(약 5억 원)를 펀딩 받았다. 이외에도 시드갬프
Seedcamp, PCH 엑세스^{PCH Access}, 키마벤처^{Kima Ventures}, 그리고 한국 정부
등 총 5번에 걸쳐 40억을 투자받았다.

앞서 언급한 것처럼 이미 많은 블루투스 카메라가 존재한다. 상용
화에 불편함이 없는 보편화된 기술이기에 카메라만으로 별다른 특이
점을 모색하기도 어렵다. 포도랩스의 접근은 아주 단순했다. 크게 보
면 2가지에 집중하여 제품화를 실시했다.

첫째, 블루투스 카메라를 아무 곳에나 붙일 수 있도록 하자는 게

그 시작이었다. 실제 포도 디바이스 뒷면의 플레이트는 부착 러버 패드가 있는 면과 없는 면으로 되어 있다. 회전 구조의 플레이트를 돌려서 벽 등에 부착이 필요할 때는 부착 러버 패드가 보이도록 위치시키고, 부착이 필요 없을 때는 플라스틱 면이 보이도록 해서 테이블 등에 올려놓는다. 매우 단순한 생각이지만 이는 기존에 없던 사고다. 기존에 출시된 시중의 작은 블루투스 카메라는 끈을 이용해서 손목 등에 차고 나니다가 촬영을 하거나, 책상 위에 거치할 수 있도록 해서 촬영을 하는 수준이었다. 하지만 포도는 책상에다 올려놓을 수도 있고 유리창에 붙일 수도 있다. 홈페이지에 가보면 모자, 농구 골대 플레이트, 파라솔 봉 등 다양한 위치에 포도를 부착하고 사용하는 모습을 볼 수 있다.

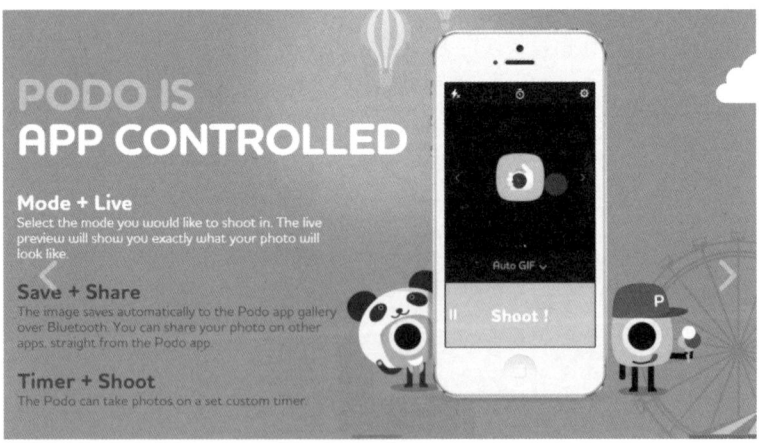

▶ 포도의 스마트폰 앱. 포도 홈페이지: http://www.podolabs.com/#podo/app

하드웨어 스타트업

둘째, 스마트폰에 다운로드하여 사용하는 포도 앱을 편리하고 심플하게 만들었다. 오토 GIF 이미지 생성 기능 등 마치 포토 이미지 전문 앱을 사용하는 착각을 일으킨다. 사진 촬영 시 앱으로 다양한 효과를 내며 촬영할 수 있도록 했다. 또한 사진을 그 즉시 인스타그램이나 페이스북에 올릴 수 있다. 이는 기존에 출시되었던 휴대용 블루투스 카메라의 앱과 비교가 안 된다. 기존의 앱들은 기본적으로 촬영하고 동영상을 모니터링하는 수준의 앱이었다.

이미 많이 상용화된 디바이스이지만 거치를 편하게 하고 사진 이미지 생성을 편하게 하는 아이디어를 접목했다. 앱을 만드는 기술도 이미 상용화된 수준이다. 40억 원이 넘는 돈을 투자받았다. 제품의 가치를 실용성에 접근하여 큰 투자를 얻어내고 사람들의 호응도 받고 있다. 홈페이지의 홍보 동영상은 이를 잘 증명한다. 하드웨어 스타트업의 아이템은 발명가 수준의 새로운 디바이스여야만 한다는 강박관념에서 벗어나라. 포도의 CEO는 개발자가 아니다. 사용성의 관점에서 새로운 가치를 발견한 기업가다. 개발자가 아니어도 하드웨어 스타트업의 CEO가 가능하다. 대신 반드시 필요한 것은 가치를 알아보는 새로운 눈이다. 하드웨어 스타트업으로 새로운 가치 창출에 도전해보라. 당신이 바로 가치 있는 CEO이다.

생활 편익의 원천,
하드웨어 스타트업

스마트폰이 보편화되면서 어딜 가나 스마트폰 삼매경에 빠진 사람을 쉽게 볼 수 있다. 스마트폰 사용 시간이 길어지면서 손목 통증, 거북목 증가 등 사람들의 인체에 안 좋은 영향을 미친다. 그럼에도 이렇게 사용량이 많은 것은 스마트폰으로 무궁무진한 콘텐츠에 접근할 수 있기 때문이다. 하지만 SNS와 스마트폰 앱이 우리의 삶 자체를 풍요롭게 만든다는 것에는 100% 동의하기 어렵다. 사람들이 혼자서 생각하는 시간은 급격히 줄고 인스턴트적인 반응은 늘게 만들기 때문이다. 다양한 앱이 나올수록 더욱더 심화되고 있기에 우려 섞인 목소리가 크다.

반면 하드웨어 스타트업은 어떠한가? 앱으로 대변되는 소프트웨어 스타트업에 비하면 생활을 편리하게 만드는 데 비교도 안 될 만큼 일조한다. (물론 하드웨어 스타트업의 상당수는 보편화된 스마트폰에 의지하며, 제품 중 상당수는 소프트웨어 스타트업 버금가는 소프트웨어 개발이 필요하다.)

하드웨어 스타트업들이 펀딩을 위해 들고 나오는 제품들은 정말 다양하다. 하지만 그중 일부만 선택되어 투자받는다. 어떤 하드웨어 스타트업이 펀딩에 성공하여 큰돈을 벌까? 답은 의외로 간단하다. '하드웨어 스타트업이 제시하는 제품이 생활 속에서 편리함을 얼마나 주는가?'이다. 물론 기존에 본 적이 없는 새로움을 전달하여 성공하는 사례도 있다. 하지만 신기하고 유별스러움에도 실질적으로 얻는 가치가 적다면 대부분 펀딩에 실패한다. 차별화만이 성공의 포인트가 아니다. 반드시 생활의 편리함이든지, 교육적 이득이든지, 에너지 저감이든지, 생활 속의 편익을 제공할 때 해당 하느웨어 스타드업은 성공한다.

릴리Lully의 공동 설립자 앤디 링크Andy Rink는 어렸을 적 쌍둥이 여동생의 끔찍한 비명 소리에 잠을 제대로 못 자는 고통을 겪으며 자랐다. 여동생은 잠을 자다가 갑자기 비명을 지르며 우는 야경증night terror이 있었다. 야경증은 유아기 아이들의 2~15%에서 나타난다. 잠을 자다가 불현듯 소리를 지르고 울기에 부모들 또한 잠을 설치기 일쑤다. 릴리의 공동 설립자 앤디 링크와 버런 보리어Varun Boriah는 스탠퍼드대학의 바이오디자인 프로그램에서 각각 내과의사와 엔지니어로서 수면

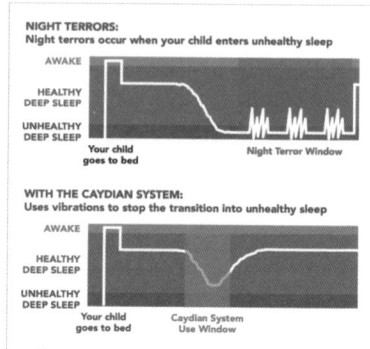

▶ 야경증 개선 디바이스 륄리와 작동 원리. 륄리 홈페이지: http://www.lullysleep.com/

패턴에 대한 연구를 같이 진행했었다. 이를 계기로 륄리를 개발하게 되었다. 륄리는 아이의 몸에 부착하는 센서가 필요 없다. 아이 부모에게 아이의 수면 패턴에 대한 질문을 하고 스마트폰 앱을 통해 륄리를 세팅한다. 아이의 수면 패턴을 근거로 위의 오른쪽 그림과 같이 건강하지 못한 깊은 잠Unhealthy deep sleep(비렘수면 단계 중 초기 30% 수준에서 주로 일어남)에 빠지기 전 3분간 1회 륄리가 진동한다. 생각보다 간단한 원리지만 약 1달간의 사용으로 80% 이상의 아이들이 완치되었다. 야경증의 근본 원인은 아직 밝혀지지 않았다고 한다. 마땅한 치료법이 없다가 스마트폰과 진동 디바이스의 연동으로 상당수 해결할 방법을 찾았다고 하니 대단하다.

어거스트August는 스마트 도어락을 만드는 하드웨어 스타트업이다. 2011년 설립되었다. 스마트폰과 연동되어 작동한다. 스마트폰을 소유

하드웨어 스타트업

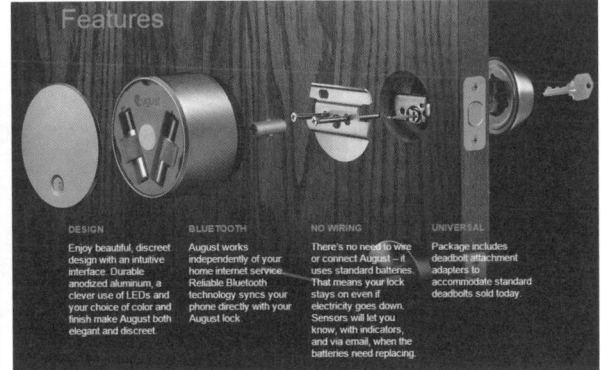

▶ 스마트 도어락 어거스트. 어거스트 홈페이지: http://www.august.com/

한 상태로 문에 다가가면 블루투스로 인식하여 문이 자동으로 열린다. 출입을 허용한 사람은 VIP 모드로 작동되어 일정 시간 동안 문에 다가가면 자동으로 열린다. 도어락이 스스로 방문객을 인식하여 출입을 통제한다. 스마트폰을 활용하여 마치 생체 인식하는 듯한 효과를 얻는다.

인시던트 테크놀러지스Incident Technologies는 2009년에 설립된 캐나다 하드웨어 스타트업이다. 아이폰을 장착할 수 있는 지타gTar를 고안했다. 지타는 LED 불빛을 이용한다. 음악에 맞추어 코드를 잡아야 할 부분

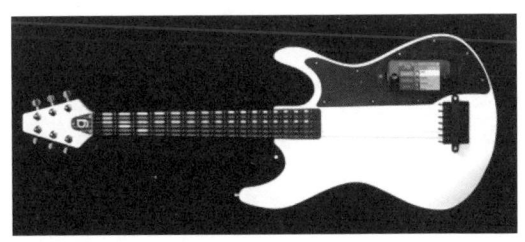

▶ 기타를 쉽게 배우는 지타.
인시던트 테크놀러지스 홈페이지: http://gtar.fm/

에 LED가 들어온다.

　기존보다 생활의 편의를 가져다주는 하드웨어 스타트업은 성공한다. 어떻게 하면 아이들이 자면서 비명 지르는 것을 해결할 수 있을까? 어떻게 하면 마치 생체 인식하듯 사람을 구별해서 자동으로 문을 열 수 있을까? 어떻게 하면 악기를 쉽게 배울 수 있을까? 오늘도 하드웨어 스타트업들은 생활의 편익을 도모하기 위한 질문을 던진다. 그리고 답을 찾아 도전한다.

　하드웨어 스타트업의 성공으로 사람들 생활 곳곳에 편안함과 유익함이 생겨난다. 생활을 편하고 유익하게 할 아이템이라면 하드웨어 스타트업에 도전하라. 나 혼자가 아닌 다수를 위한 선의의 작업이다.

180억 투자 이끌어낸
25세 공대생들의 근원은?

캐나다 온타리오 주 워털루에 본

사를 둔 탈믹랩스Thalmic Labs는 워털루대학에 다니던 대학생 스테판 레

이크Stephen Lake, 아론 그랜트Aron

Grant, 매튜 베일리Matthew Bailey가

2012년 공동 설립한 회사다.

탈믹랩스에서 개발한 웨어

러블 밴드 마이오Myo는 옆의

사진에서처럼 팔에 마치 완장

을 두른 듯 착용한다. 손 및 팔

의 근육 움직임을 인식한다. 이

▶ 탈믹랩스 공동 설립자들. 워털루대학 홈페이지:
http://engineerthefuture.ca/

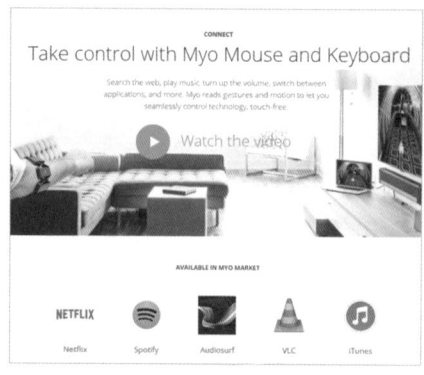

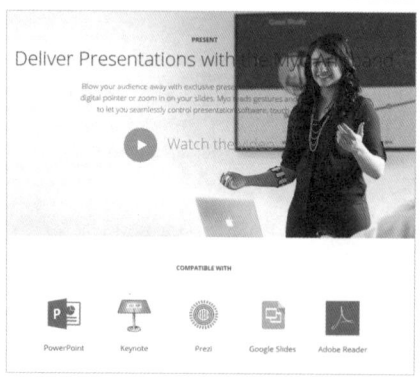

▶ 각종 기기와 어플리케이션을 동작시킬 수 있는 마이오. https://www.myo.com/connect

를 데이터화해서 블루투스로 전송해 각종 기기를 컨트롤할 수 있다.

　이들은 2012년부터 마이오를 개발했다. 벤처캐피털로부터 기술력을 인정받아 굳이 킥스타터 같은 크라우드 펀딩을 거치지 않았다. 2013년 1월 와이 컴비네이터Y Combinator(2005년에 설립된 미국 캘리포니아에 자리한 시드 액셀러레이터이자 벤처캐피털로 드롭박스, 에어엔비 등에 펀딩한 것으로 유명하다)로부터 10억이 넘는 돈을 초기 투자금으로 지원받는다. 그리고 연이어 4개월 뒤 시리즈 A(시제품을 정식 제품으로 만드는 과정에 필요한 돈에 대한 투자, 투자에 관한 내용은 4장에서 추가로 다룬다)로 인텔 캐피털Intel Capital과 스파크 캐피털Spark Capital로부

하드웨어 스타트업

터 1450만 달러(약 168억 원)를 투자받는다. 홈페이지를 통해 사전 주문을 받았는데, 이들 제품의 특이함으로 인해 2014년 여름까지 무려 5만 개가 넘는 주문을 받았다.

마이오가 180억이 넘는 돈을 투자받고 초기에 5만 개가 넘는 사전 주문을 받은 이유는 뭘까? 물론 팔의 근육과 동작으로 전자기기를 움직일 수 있다는 것은 신기하다. 하지만 언뜻 생각하면 주먹을 폈다 쥐었다, 그리고 왼쪽으로 돌렸다 오른쪽으로 돌렸다 하는 동작이 얼마나 정밀할까 하는 생각이 들 수 있다. 근육의 동작을 인식하는 기술적인 가치를 보고 투자한 걸까?

그 답은 앞의 사진처럼 마이오로 동작 가능한 기기와 애플리케이션의 증가에 있다. 1장에서 언급한 마이오 생태계가 꾸며지고 있다는 뜻이다. 실제 탈믹랩스는 마이오를 응용하는 일반 개발자들의 참

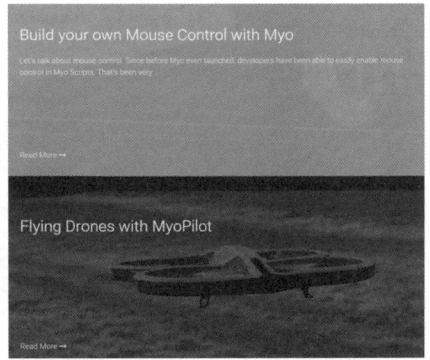

▶ 마이오 개발자를 위한 홈페이지와 블로그: http://developerblog.myo.com/

여를 늘리기 위해 마이오 홈페이지에 매우 편리하고 상세하게 자료와 정보를 올려놓고 있다.

요약하면 이렇다. 캐나다 워털루대학의 공대생이 메카트로닉스 공학을 배운다. 학업 도중 마음이 맞는 3명이 모여 마이오 개발을 시작하기로 한다. 연구소를 만든다. 대학을 다니며 초기 투자금을 지원받는다. 100명이 넘는 고용 인력을 창출한다. 일반 개발자들에게 자료를 오픈하여 더 많은 사용이 일어나게 만든다. 현재 마이오 생태계를 만들고 있다.

여기서 또 중요한 의문이 든다. 왜 우리 주변에서는 이런 하드웨어

▶ 캐나다 워털루대학 엔지니어링 교육 관련 홈페이지: http://engineerthefuture.ca/

하드웨어 스타트업

스타트업을 찾기 어려울까? 그리고 제품의 설계와 출시에 대한 충분한 경험이 있을 리 만무한 이들이 어떻게 180억 이상의 돈을 투자받는 상황에 이를 수 있을까?

답은 워털루대학의 노력이다. 마이오의 창업자들이 새로운 생각을 갖게 하고 학업을 통해 실제 하드웨어 스타트업에 이를 수 있도록 한 것은 워털루대학의 실용적인 생각이다. 앞의 그림에서 보듯 워털루대학은 600개 이상의 스타트업을 배출했다. 홈페이지를 통해 즐겁게 이 사실을 알린다. 더욱 의미 있어 보이는 건 180억 이상 투자받은 스타트업인 마이오에 대한 홍보는 이 홈페이지 메인에 없다는 점이다. 큰 돈을 투자받은 유니콘이니, 데카콘이니 하는 스타 스타트업을 만들어 학교를 홍보하겠다는 게 아니다. 워털루대학의 교육 목적은 분명하다. 엔지니어링 교육을 받은 학생들이 스타트업에 많은 도전과 참여를 하도록 하는 것이다.

현재 우리나라 대학과 대학생들은 어떠한가? 학생들은 각종 스펙 쌓기에 정신없다. 학점은 취직을 위해 딴다. 상대평가 시스템 아래서 주변 학우는 학문과 기술을 논하는 친구이자 협업 대상이 아니라 경쟁의 상대다.

새로운 가치는 새롭게 바라볼 때 생긴다. 우리는 지금 무엇을 새롭게 바라보고 있는가? 뻔한 답을 찾아 뻔한 노력을 하고 있지는 않은가? 우리 경제를 다시 활기차게 만들려면 새로운 가치 창출을 위해 힘을 모아야 한다. 대학은 이제 취업이 아닌 창업에 힘써야 한다. 실제 탈믹랩스에는 나이 지긋한 엔지니어들이 일한다. 대학생이 회사를 설립하고 장년들이 일하는 이런 분위기는 우리에게 지금 당장 필요하다. 일자리가 부족한 우리에게 정말 가치 있는 문화다.

마케팅보다 본질 가치가 우선이다

같은 물건을 판매해도 마케팅 능력에 따라 판매량이 다른 경우가 흔하다. 주로 사람의 마음을 움직이는 마케팅과 그 반대의 경우 때문이다. 하지만 마케팅을 아무리 잘한다 해도 제품의 가치가 부족하다면 마케팅의 효과는 오래가지 못한다. 마케팅으로 현혹되어 제품을 구매하고 사용한 다음, 오히려 크게 실망한 사람은 이내 주변 사람들에게 해당 제품 구매를 적극 말리는 안티 사용자로 변하기 때문이다.

지갑을 잃어버린 적이 있다. 주말과 공휴일이 겹친 연휴의 토요일 밤 11시 30분. 일단 가장 먼저 지갑에 있던 신용카드를 떠올렸다. 사용하던 카드 회사 3곳에 114를 통해 급하게 전화를 걸었다. 그런데 전화를 거는 순간부터 회사 간 차이는 극명했다. 아예 전화 연결이 안 되는 A사, 걸자마자 순식간에 상담원이 연결되고 분실 처리가 곧바로 된 B사, 통화 중 대기가 지속되어 20분 넘게 전화해 겨우 분실 신고한 C사. 연휴 중간이라는 점을 감안해도 회사마다 다른 고객 응대에 많이 놀랐다. 하지만 더욱 놀라운 일은 연휴가 끝나고 벌어졌다. 연휴 후 평일 첫날 아침이 되었을 때다. 오전 8시 30분, 난데없이 전화 한 통이 걸려왔다. 순식간에 분실 신고를 한 B사 상담원의 전화였다.

"연휴 동안 카드를 잃어버려서 얼마나 고생하셨어요?"

전혀 기대하지도 않은 위로의 말을 듣는데 기분이 묘했다. 심지어 나한테 심려를 끼쳐서 미안하다는 말까지 했다. 그러더니 내일 오전까지 새로운 신용카드를 배송해주겠단다. 분실 신고 전화 한 통만으로 위로도 받고 새 신용카드도 받았다. 이런 상황이 되니 내심 기대가 되었다. 20분 걸려 분실 신고한 C사는 어떻게 나올지 궁금했다. 그런데 오전이 지나고 오후 3시가 되어도 아무런 연락이 없었다. C사의 카드가 주 사용 신용카드였기에 오히려 내가 급했다. 기다리다 못해 내 발로 가까운 발급 지점을 찾아갔다. 그곳에서의 신규 발급을 위한 응대는 평범하기 이를 때 없었다. 하지만 20년 가까이 써온 C사 신용카드이기에 오늘 아침의 상황을 발급 신청받던 여직원에게 이야기해주었다. 귀사도 그런 서비스를 해보라고…. 주저리주저리…. 자기 회사 잘되라고 목 아프게 이야기해주고 있건만, 사람과 사람의 의사소통은

보디랭귀지가 더 큰 영향을 미친다고 했던가? 얼굴에는 미소를 보였지만, 실제로는 내 이야기를 듣는 척만 했다. 전혀 귀담아듣지 않았다. 회사의 수준을 그대로 알 수 있었다. 통화조차 못한 A사는 어떠했을까? 분실 다음 날 내가 다시 전화해서 분실 신고했다. 그러고는 아무 연락도 없다. 덕분에 이 회사의 카드는 재발급받지 않아 카드 숫자가 줄었다.

신용카드는 분실도 두렵지만 무엇보다 없으면 불편하다. 분실한 고객이 카드를 사용하지 못하는 불편함을 알고 연휴가 끝난 평일 아침 8시 30분에 전화를 걸어 재발급을 도와주는 회사는 나머지 두 회사와 무엇이 다르기에 이런 액션이 가능할까? 핵심은 그 업의 본질을 이해하고 있느냐 없느냐이다. 고객이 신용카드를 왜 사용하는지, 그리고 잘 사용할 수 있도록 돕는 것에 충실한 회사인 B사는 업의 본질을 명확히 안다. 지금도 언급한 3개의 카드사 광고가 지상파 등을 통해 줄기차게 나온다. 겉으로는 고객 중심, 고객 만족 외처대지만 업의 본질을 이해하지 못하고 있는 회사는 언젠가는 망한다. 수천만 원씩 들여 마케팅 회사에 의뢰하여 광고하면 뭐하는가? 업의 가치를 이해하지 못하고 있는 걸. 고객이 원하는 이상으로 본질 가치에 충실해야 한다.

얼마 전 하드웨어 스타트업 예비 CEO와 미팅을 했다. 하고자 하는 아이디어를 어떻게 구현할지에 대해 도움을 청해 이야기를 나누는 자리였다. 이야기 초반에 왜 이 아이디어로 사업을 하려는지에 대해 물어보았다. 그런데 예비 CEO의 답이 놀라웠다. 아직 해당 아이디어를 시도하는 사람이 없어 보여서라는 답변이었다. 기존에 없던 새로운 가치이기에 도전할 만하다고 판단했다고 한다. 과연 이런 생각으로 험난한 창업의 길을 걸어나갈 수 있을까? 한편으로는 이해가 간다. 경쟁이 없는 블루오션에서 사업을 시작하겠다는 뜻이다. 하지만 시도가 없다는 건 고객에게 전달할 가치가 부족해서일 수도 있다. 남들이 도전하지 않는 이유에 대해서도 생각해봐야 한다. 무엇보다 해당 스타트업이 전달하고자 하는 본질 가치가 중요하다. 한참이나 이야기하고 나서야 사업의 방향성에 대해 다시 생각해보겠다는 언급을 들을 수 있었다.

과연 내가 이 스타트업을 왜 해야 하는가? 남들이 다들 창의적인 시도를 하니 나도 독특한 아이디어를 내 창업을 시도해보겠다는 시도는 너무나 무모하다. 마치 한 번도 들어보지 못한 음악을 만들어내면 사람들이 새로운 노래이므로 무조건 환호할 것이라는 가정과 다를 바 없다. 내 음악이 어떤 사람들에게 어떤 감동을 전달해줄 수 있는지에 대해 심각한 고민과 노력이 있어야 성공할 수 있음은 당연하다.

하지만 이런 시도 자체는 반드시 필요하다. 하드웨어 스타트업이 늘어난다는 뜻은 새로운 본질 가치를 찾으려는 노력이 늘어난다는 것

과 같다. 이런 노력들이 모여 찾아진 새로운 가치로 사회는 더욱 나은
방향으로 갈 수 있다.

　하드웨어 스타트업을 시도 중이라면, 또는 시도할 거라면 그럴싸한
마케팅을 논하고 새로운 시도임을 강조하기 전에 자신들의 본질 가치
를 탄탄히 하는 것이 무엇보다도 중요하다. 스타트업이라면 반드시 본
질 가치에 충실하라. 성공에 한 걸음 다가설 수 있을 것이다.

지금,
도전하기 좋은 이유

　　우리나라에서 스타트업 창업의 열기가 뜨거워지기 시작한 것은 불과 몇 해 전이다. 2030 스타트업은 젊은이들의 취업난과 더불어 중·장년층의 해고가 늘며 직장을 구하기 어려운 사람들이 어쩔 수 없이 선택한 자영업과는 다르다. 아이디어를 비즈니스 모델화하고 펀딩을 통해 회사의 가치를 키워나가는 게 스타트업이다. 성공만 한다면 일약 스타덤에 오를 수 있으므로 선망의 대상이다. 하지만 누구나 쉽게 스타트업의 성공에 이를 수 없다. 아이디어가 부족하든, 열정이 부족하든, 자금이 부족하든, 기술이 부족하든, 사기를 당하든 진행되는 과정에서 부지불식간에 잘못된 선택과 방향으로 접어들 수 있기 때문이다.

각국 정부의 스타트업 장려 분위기는 뜨겁다. 러시아 모스크바 외곽 지역인 스콜코보 Skolkovo는 러시아가 전략적으로 스타트업을 육성하는 곳이다. 아예 대놓고 미국 실리콘밸리화를 추구한다. 러시아 드미트리 메드베데프 Dmitry Medvedev 총리가 스콜코보를 직접 방문해 독려하곤 한다.

노키아의 나라 핀란드는 어떠한가? 핀란드 기술혁신투자청에서는 핀란드 스타트업의 원활한 해외 진출을 위해 '팀 핀란드 Team Finland'라

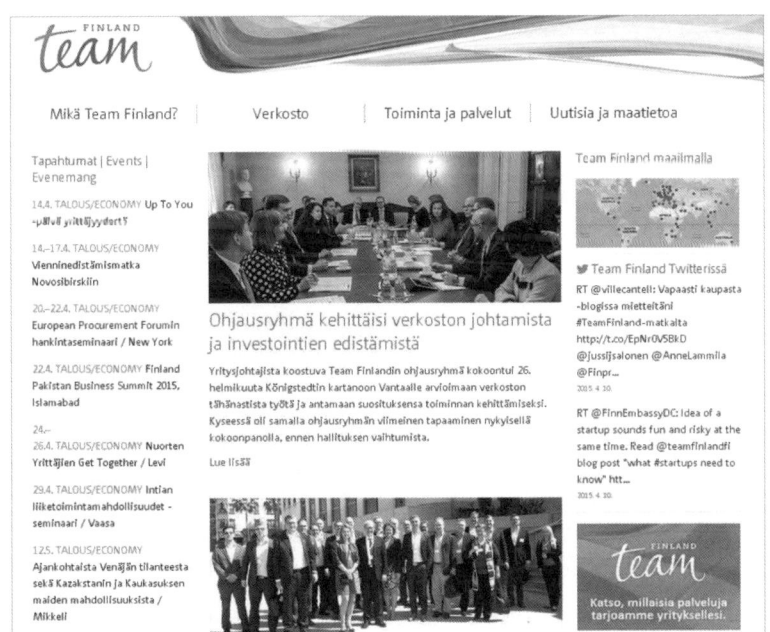

▶ 팀 핀란드 홈페이지: http://team.finland.f

는 파트를 신설해 2011년부터 별도로 운영하고 있다.

팀 핀란드 운영은 핀란드 경제의 대외 관계 개선 및 운영 효율성 향상을 목표로 움직인다. 주목할 것은 73개국에 임명된 핀란드 대사가 팀 핀란드의 각국 총 책임자라는 점이다. 즉 스타트업의 해외 진출에 대한 책임의식을 각국 핀란드 대사가 가진다. 이 방법이 얼마나 효과적인지는 별개의 논제다. 핀란드가 스타트업들의 해외 진출을 얼마나 중요하게 여기는지가 중요하다. 위에서 언급한 러시아 스콜코보에도

▶ 핀란드 기술혁신투자청 홈페이지: http://www.tekes.fi/en/whats-going-on/news/startups-competed-in-skolkovo-startup-village 러시아 스콜코보 스타트업 빌리지에서 핀란드 스타트업들이 경쟁하고 있다는 내용

하드웨어 스타트업

핀란드 스타트업을 진출시켰다. 이때 원활한 진출이 가능하도록 팀 핀란드도 적극적인 역할을 담당하고, 핀란드 기술혁신투자청은 핀란드에 본사가 있는 스타트업에 자금 지원을 하여 스콜코보 등이 해외 진출에 성공하도록 돕는다.

이 나라들뿐 아니라 미국, 영국, 일본, 중국, 싱가포르 등 전 세계 주요 나라들의 스타트업 육성 분위기는 매우 뜨겁다. 실제 이 책에서 예를 들고 있는 하드웨어 스타트업들의 위치도 나라별로 매우 다양하다. 더불어 각 나라들의 글로벌 스타트업 육성 분위기로 위 러시아와 핀란드의 예처럼 국외 진출의 길이 폭넓게 열려 있다.

전 세계의 하드웨어 스타트업 중 난이도가 높은 시제품을 만들고자 할 때 중국 선전 등의 시제품 제조 인프라가 잘 갖춰진 곳으로 몰리는 현상이 심화되고 있다. 실제 중국 선전의 엑셀러레이터Accelerator(스타트업 초기 보육기관)인 핵셀러레이터HAXLR8R의 경우 전 세계에서 지원자들이 몰려 프로그램 합류 확률이 1%도 안 된다(《뉴스토마토》 2014년 1월 12일자 기사 참조). 미국은 제조업의 재도약 분위기가 생기고 있다. 테스라모터스, 로컬모터스 등의 전기자동차 회사 및 3D 프린터 세계 1~2위를 다투는 3D시스템즈와 스트라타시스는 모두 미국에 본사를 두고 있다. 새로 떠오르는 산업을 통한 제조업의 부흥을 노린다.

우리나라만 제조업의 부흥을 노리는 상황이 아니다. 각국의 정부 모두 노력한다. 또한 앞서 설명했듯이 우리나라 내부의 하드웨어 스타트업을 위한 인프라가 줄어들고 있다는 점은 매우 암울하다. 이런 분위기가 지속된다면 아이디어가 있어도 외국으로 나가야만 하는 상황이 될 수도 있다. 정부의 지원 프로그램을 넘어 우리도 선전의 핵셀러레이터 같은 인프라가 반드시 필요한 이유다.

우리나라 정부의 스타트업 부흥을 위한 노력도 뒤지지 않는다. 창조경제타운, 창조경제혁신센터, 중소기업청, 창업진흥원, 콘텐츠진흥원, 테크노파크 등에서 스타트업 지원 프로그램을 론칭하고 있다. 분산되어 실시되고 있는 각 단체들의 프로그램 내용은 창업넷 홈페이지(https://www.startup.go.kr/)에서 일목요연하게 확인할 수 있다. 하드웨어 스타트업을 위한 지원도 있다. 아이디어 창출부터 시제품 제작을 위한 지원 및 투자 도모까지 다양한 혜택이 있다. 일회성 시제품 제작은 중소기업청 시제품 제작터를 이용하면 지원받을 수 있으며 창업을 위한 프로그램은 창조경제타운, 창업진흥원, 콘텐츠진흥원 등에서 다양하게 도움을 받을 수 있다. (특히 창조경제타운의 온라인 멘토링 서비스를 신청하면 각계의 전문가들을 통해 자신의 아이디어를 사업화하는 도움을 받을 수 있다. 창조경제타운의 지원 시스템은 놓치지 말고 꼭 시행해보기 바란다.)

스타트업에 필요한 각종 교육도 다방면으로 진행 중이다. 무작정 스타트업에 도전하기보다 스타트업에 관한 공부도 하고 발로 뛰길 바란다. 해외에 유명 스타트업이 많은 이유는 스타트업에 필요한 기업가정신을 제대로 알고 있으며 해외 대기업들의 스타트업 육성 마인드도 한몫하고 있기 때문이다. 우리나라에서는 외국만큼 대기업의 펀딩이 많지 않고 대학에서도 기업가정신을 제대로 교육시키지 못하고 있는 바, 우선 지금은 정부 프로그램 등을 잘 활용하여 교육받고 도전하는 게 방법의 하나다. 하지만 아무리 지원 프로그램이 좋아도 활용하지 않는다면 불필요한 도구다. 도움 주는 제도가 나아갈 길까지 만들어 주지는 않는다. 나아가는 사람은 길을 만드는 사람이다.

03
하드웨어 스타트업,
기본 프로세스

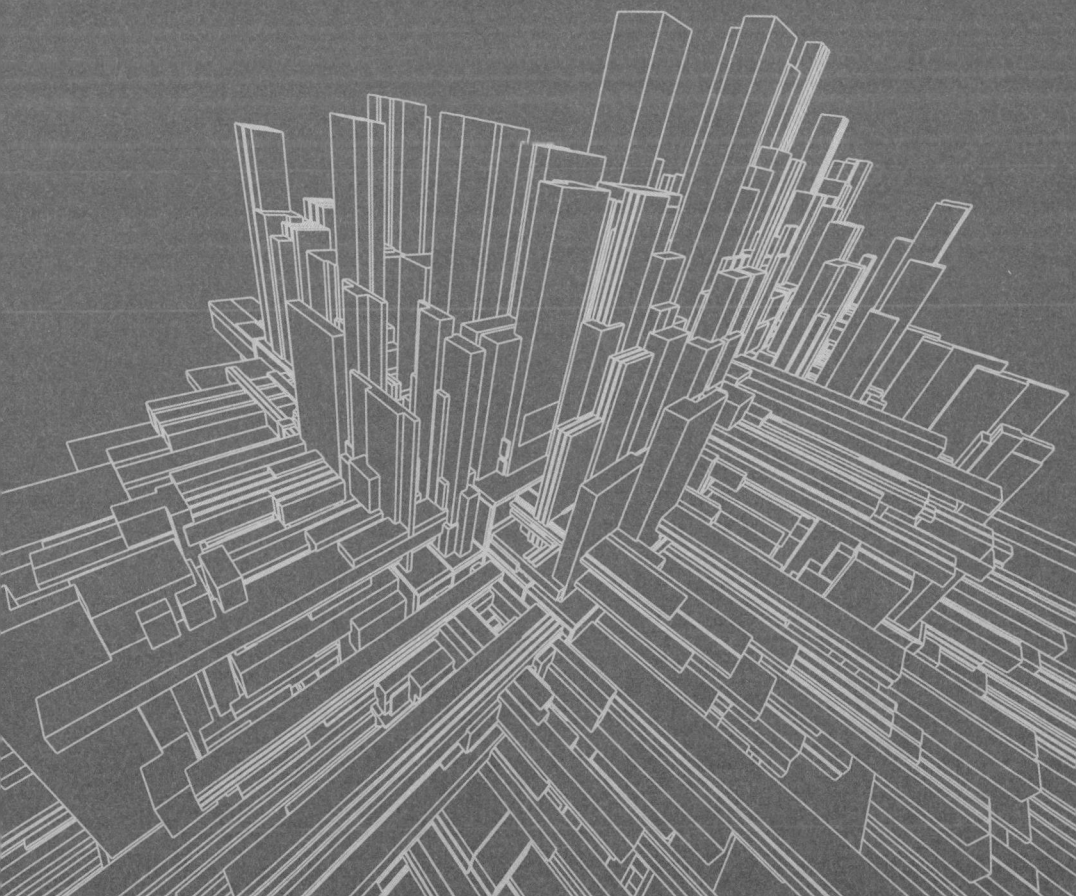

스타트업 실행
프로세스

새로운 도전을 위한 시작은 즐거운 긴장감을 준다. 하지만 스타트업에 대한 도전은 먹고사는 문제와 관련되어 있기에 즐겁게만 받아들여지지 않는다. 쉽지 않다. 무언가에 도전해 실패하고도 그것을 통해 배우는 게 값지고 다시 일어날 수만 있다면 당연히 대다수가 미지의 도전을 선택할 것이다. 하지만 현실은 다르다. 도전에 소요되는 비용과 시간이 크기에 쉽사리 도전하지 못한다. HP연구소의 연구소장이자 행동경제학자인 케이윳 첸Kay-Yut Chen 은 이런 상황에 대해 "대다수가 회피하는 맥락을 파악하고 이를 잘 활용하면 기회가 있다"라고 이야기한다.

대다수가 회피하는 맥락을 파악하여 활용하려면 준비가 필요하다. 스타트업이 성공 궤도에 이르기 위해서는 3단계로 요약한 과정을 거치는 것이 좋다. 하드웨어 스타트업을 어떻게 실행할지 모르겠다면 이 과정을 이해하면 좋겠다. 3단계는 탐색, 발굴, 사업화의 여정이다.

첫 번째는 탐색 단계다. 내가 잘할 수 있는 부분을 고민하고 시장에 어떤 기회와 요구가 있는지를 확인해보는 단계다. 두 번째는 창의적 사고를 통해 시장에 숨어 있는 각종 요인을 찾아내는 발굴 단계다. 세 번째는 실제 스타트업을 구체적으로 준비하는 사업화 단계다. 각 단계별로 성공 확률을 높이는 방안에 대해 살펴보자. 여기서는 맥락 중심으로 다루고 5장에서 다시 구체적으로 언급하겠다.

스타트업 사업화를 위한 첫 단계인 '탐색' 단계에서는 다음의 3가지를 우선 생각해야 한다. 첫 번째는 본인이 잘 아는 분야에서 출발하라는 것이다. 예를 들어 해외에서 특정 제품을 수입하여 판매하는 사람이라면 해당 제품과 관련된 제품을 제조하거나 관련 사업을 하는 것이 그렇지 않은 사람보다 한결 유리하다. 어려움이 닥쳐도 초행길인 사람보다 수월하다(당연한 이야기로 지면을 낭비하는 것 같다). 그런데 실제 창업을 시도하는 이들의 상당수는 본인이 잘 알지 못하는 아이템을 채택한다. 프랜차이즈가 대표적인 예다. 그 골목에 유동인구가 얼마인지, 본인 매장이 있던 곳과 근처 상가에 과거 어떤 직종의 매장이 있었는지 잘 알지 못한다. 평상시 그런 고민을 해본 적이 없는 사람이 갑자기 음식점을 내고 대리점을 연다. 또한 남의 떡이 커 보이는 게 인지상정이라, 자신이 잘 알고 있는 분야를 오히려 차선책으로 치부한다.

두 번째는 자신이 즐거워하는 분야를 우선으로 하라는 점이다. 남들보다 관심을 갖고 즐긴 나만의 취미나 분야가 있다면 그것에 도전하라. 특정 아이템을 마니아 수준으로 몰입하여 즐긴 사람이 그 분야에서 성공할 확률이 상대적으로 높음은 자명하다. 마니아 수준으로 즐기면서 겪는 당연하다고 여기던 불편함을 '해결할 수 없을까?'라는 질문으로 다가서면 새로운 길이 보인다. 어떤 분야를 마니아 수준으로 접할 때 아이디어가 샘솟는 것이다. 마니아가 도출한 아이디어로 승부하는 스타트업은 억지로 짜내듯 만들어낸 아이디어에 비해 성공할 확률이 대단히 높다.

세 번째는 스타트업을 시작했다고 가정하고 모니터링하라는 점이다. 창업 성공을 위해서는 내가 잘 알고 있는 분야를 더 잘 알려고 하는 것 이상으로 향후 변화 예측에도 관심을 가져야 한다. 예를 들어 독특한 제품을 만들기에 도전해보려 한다면 새로 생긴 스타트업 중 유사한 업종의 스타트업 정보를 주기적으로 살펴보라. 가상 창업 후 모니터링하는 습관이 몸에 배면 실제 창업을 하지 않았음에도 상당한 예측력을 얻을 수 있다. 간접 경험을 통해 현실의 스타트업 성공 확률을 높이는 힘을 키울 수 있는 것이다.

다음은 '발굴' 단계다. 탐색 단계에서 자신이 잘할 수 있고 하고 싶은 분야를 모색했다면 발굴 단계에서는 '창의적 사고를 통한 성공 가능 요인'을 발굴한다. 이때 크게 시장 요인, 기술 요인, 경쟁자 요인으로 나누어 모색할 수 있다. 첫 번째 시장 요인은 '고객이 원하는', '고객에게 필요한' 요인을 말한다. 기술의 난이도나 경쟁자의 여건을 넘어 우선적으로 고객에게 초점을 맞춘다. 두 번째는 기술 요인이다. 기술 요인의 관점에서는 내가 잘하고 잘할 수 있는 기술 중 성공 가능한 부분을 모색한다. 최근 앱이나 소프트웨어 개발 능력이 있는 사람들이 스타트업에 직접 뛰어드는 사례가 많다. 이는 본인이 개발자 능력을 갖고 있기에 가능하다.

세 번째는 경쟁자 요인이다. 이는 경쟁이 적거나 경쟁이 없는 성공 요인에 창의적으로 집중하는 것이다. 이는 트렌드와 업의 동향을 잘 알며 이해하고 있을 때 눈에 보이는 요인이다. 작년과 재작년에 오픈소스를 활용한 3D 프린터 제조에 뛰어든 스타트업들이 그 예다. 해외에서 수요가 늘고 있는 것을 확인했고 국내에서는 걸음마 단계임을 알기에 뛰어든 것이다. 이처럼 발굴 단계에서는 3가지 요인 중심으로 자신이 스타트업 시도 시에 성공할 요인이 무엇인지 창의적으로 따져 봐야 한다.

스타트업을 시도하기 위한 마지막 준비 단계는 '사업화' 단계다. 앞선 발굴 단계에서 도출된 자신만의 성공 요인을 비즈니스 모델로 정립한다. 이 단계에서는 도출된 성공 요인에 대한 핵심역량을 얼마나 갖고 있는지 따져보고 실제 수익 모델을 그려본다. 경우에 따라서 수익 모델이 분산되는 것에 대해 고민이 많을 수도 있겠다. 사실 여러 가지를 다 잘하겠다는 식의 비즈니스 모델은 '시작하면 어떻게 잘되지 않겠는가?'라는 사고방식과 다를 바 없다. 이 경우 스타트업 수익에 가장 큰 영향을 미치는 부분이 무언지 따져보고, 우선순위를 정해서 각각의 리스크를 따져라. 스타트업 사업 내에서의 의견 충돌을 최소화하면서 사업 계획을 수립할 수 있다.

스타트업 창업에서는 "시작이 반이다"라는 말을 신봉하지 않았으면 한다. 스타트업의 진정한 성공은 창업보육센터 입주 심사나 정부의 각종 지원 프로그램 심사를 통과하는 것만이 다가 아니다. 정부의 도움으로 스타트업 경영을 위한 부족분을 채울 수는 있지만, 그것이 채워진다고 스타트업의 체질이 바뀌는 건 아니다. 성공의 3단계를 잘 밟아 구체적인 사업 계획을 수립하라. 이 과정에서 부족한 게 보이면 보충하고 모색하는 데 힘을 쏟아라. 부족함을 인정하고 받아들일 때 리스크와 충돌하지 않는 유연함이 생긴다.

아이템
발굴

앞에서 스타트업 실행을 위한 3단
계를 요약하여 언급했다. 이번 글부터는 하드웨어 스타트업을 하기 위
한 기본 프로세스에 대해 세분화하여 단계별로 언급하는데, 여기서
는 하드웨어 스타트업의 아이템 발굴 및 정립에 관해 이야기한다.

하드웨어 스타트업은 제품이 핵심이다. 제품을 통해 투자를 도모하
고 고객과 마주한다. 따라서 하드웨어 스타트업은 어떤 제품(아이템)
을 발굴하고 정립할 것인가가 매우 중요하다. 앱 개발 등을 도모하는
소프트웨어 스타트업의 아이템도 물론 중요하겠지만, 근래 유행하는
단어인 그로스 해킹growth hacking 개념으로 출시 후에도 고객의 니즈를
보며 계속 수정 개발하는 것이 상대적으로 하드웨어 스타트업보다 수

월하다. 하드웨어 스타트업의 제품은 가상의 시스템이 아닌 실물이므로 제작에 따른 재고와 물류 비용 등이 상대적으로 더 많이 소요되기 때문이다. 따라서 아이템의 선택은 하드웨어 스타트업에서는 신중에 신중을 기해야 한다. 하지만 결국 상대적인 이야기일 뿐 이 책에서 언급한 다양한 하드웨어 스타트업의 사례를 보고 나면 '생각하기 나름'이라고 여길 수도 있겠다.

아이템 발굴의 유형은 2가지다. 고객 대응형과 고객 창조형이다. 고객 대응형은 시장조사를 통해 고객의 니즈를 파악하고 콘셉트를 설정한 뒤 필요 기술을 개발하거나 도입 혹은 유치하는 식으로 진행된다. 이는 고객을 만족시키는 수준의 콘셉트로 기존 제품에서 부족한 부분을 보완하는 형태에 가깝다. 예를 들면 이미 나와 있는 다양한 알람 시계에 대해 설문조사를 해서 '알람을 잠결에 꺼서 일어나지 못하는 일이 생기지 않았으면 좋겠다'라는 VOC^{Voice of Customer}를 접수했다. 이를 토대로 사진과 같은 아령 알람시계를 기획하고 출시한다. 정해진 숫자만큼 아령 운동을 해야 알람이 멈추므로 구매자는 잠이 깰 확률이 높다.

고객 창조형은 고객이 생각한 기대를 뛰어넘는 아이템을 말한다. 예를 들면 2장에서 언급한 탈믹랩스의 마이오 같은 아이템이다. 영화 〈아이언맨〉이나 〈마이

▶ 아령 알람시계: www.amazon.com

너리티 리포트〉에 나오는 장면인 손으로 가상의 화면을 조작하는 동작을 마이오로 할 수 있다. 영화 속에서 볼 법한 행동을 마이오를 착용하고 드론을 조작하고 프레젠테이션 화면을 조작한다. 이는 기존에 고객이 만나지 못했던 잠재적 니즈를 발견해서 얻을 수 있는 아이템이다. 논리적이거나 분석적인 행위를 통한 습득이 아니라 직관과 통찰력으로 얻을 수 있다.

고객 대응형의 아이템 발굴은 상대적으로 위험 요소가 적다. 기존 제품에서 어느 한 포인트만 바꾸어도 고객에게 다가갈 수 있는 소구점이 될 수 있기 때문이다. 반면 경쟁자가 그만큼 모방하기도 쉽다. 고객 창조형은 일단 제품이 고객의 잠재 니즈를 제대로 건드려준다면 여러 가지 메리트가 따라온다. 일단 독점적이기에 가격의 마진이 높고 선도 이미지로 인한 브랜드 확립이 가능하다. 예를 들면 테팔 프라이팬 코팅은 원래 공업 용도로만 쓰이던 테프론 코팅이었다. 1950년대 초 영국의 마크 그레고리Marc Gregoire가 낚싯줄이 엉키는 걸 막기 위해 테프론 코팅을 낚싯줄에 접목을 시도하고 있었다. 이때 그의 아내가 프라이팬에 적용하자고 제안해 소위 말하는 대박이 터졌다. 60년이 지났지만 테팔 브랜드 인지도는 프라이팬에서 아직도 1등이다.

아령 알람으로 다시 돌아가 보자. 아령 알람을 고객 창조형 아이템으로 새롭게 바라볼 수 있겠는가? 아령 알람에 블루투스 모듈을 넣고 스마트폰과 연동하도록 만든다면 고객의 잠재적 니즈를 만족시키겠는가? 예를 들어 하루에 정해진 칼로리를 소모하기 위해 오전, 오후, 저녁으로 운동량을 입력해놓고 운동을 실행하며 운동한 양은 목표 달성률과 요일별, 월별 그래프로 앱에서 확인할 수 있다면 어떻겠는가? 여기서 핵심은 가격 증가 대비 고객이 느끼는 가치의 크기다. 잠재적 니즈로 인한 가치 만족도가 높다면 고객은 구매한다. 하지만 가격에 대비해 낮다면 살 까닭이 없다. 이처럼 고객 창조형 아이템은 고객 대응형보다 위험 부담이 높다. 시장에서의 판매 예측이 되지 않는다면 위험한 도전이다. 그만큼 신중해야 한다.

다른 예를 들어보자. 최근 휴대폰 보조 배터리의 소비가 크게 늘고 있다. 내장형 배터리를 채택한 휴대폰이 늘고 디스플레이의 대형화 추세로 각광을 받고 있다. 사실 보조 배터리는 4~5년 전부터 국내에서 개발이 많이 되었다. 하지만 수요가 늘지 않아 관련 스타트업은 폐업하거나 아이템을 바꾸었다. 그리고 지금은 중국산 보조 배터리가 범람하고 있다. 그런데 지금 막 출시된 국산 보조 배터리는 꽤 잘나간다. 전반적인 수요가 충분하기에 중국산이 많이 팔린다 해도 나름대로 승승장구하고 있다. 보조 배터리의 예는 고객 대응형으로 든 예다. 단지 양산 시점이 여기서는 중요한 요소다. 고객이 많이 찾을 때 만들어야 이익을 거머쥔다.

하드웨어 스타트업의 아이템으로 기존에 없던 창의적 아이템을 반드시 도출할 필요는 없다. 반면 기존의 고객이 필요로 하는 부분을 만족시켜 주는 자그마한 변화 아이템도 성공의 가능성이 있다. 자신이 가능한 능력과 혜안의 범위 내에서 적절히 아이템을 선정하라. 가급적 많은 사람을 만나보고 의견을 물어보라. (주변에 전문가가 없거나 부족하다면 아이템 선정 단계부터 창조경제타운의 멘토링 시스템이 큰 도움이 될 것이다.) 자신이 이 아이템을 왜 선정했는지에 대해 설명이 가능해야 한다. 하드웨어 스타트업의 실질적 성공 아이템 사례는 5장에서 확인할 수 있다.

핵심역량
확보

아이템의 선정이 이루어졌다면 이제 아이템을 제품화하기 위한 핵심역량 확보가 필요하다. 물론 실제 하드웨어 스타트업에 도전할 때는 아이템 신징과 핵심역량 확보의 순서를 상황에 따라 뒤바꾸어 생각할 수도 있다. 예를 들어 할 수 있는 도전 가능한 핵심역량에 근거한 아이템을 선정하려 한다면 말이다.

핵심역량은 남들이 쉽게 모방하기 어려운 고유의 능력으로 정의할 수 있다. 핵심역량의 개념은 1950년대 펜로즈Penrose의 기업성장이론이 그 시발점이다. 펜로즈는 설비, 자본, 노동의 유형자산으로 기업이 이루어졌다는 신고전학파 경제학자들과 달리 기술, 브랜드, 경영 능력 등 무형자산이 실질적 경쟁력을 높인다고 주장했다. 이후 1990년대 게리 하멜Gary Hamel과 프라할라드Prahalad에 의해 핵심역량의 개념이 정립되었다.

핵심역량은 기능skills, 기술technologies과 지식 흐름knowledge streams의 통합 관점으로 바라봐야 한다. 이는 고객에게 실질적인 가치 전달을 할 수 있는 능력을 말한다. 핵심역량의 특징은 5가지로 요약된다. 가치가 있어야 하며, 최고보다는 독특함을 말한다. 모방을 시도하면 고비용이 소요되며, 조직력(단결력)을 포함하는 의미로 사용한다. 핵심역량은 다른 것으로 대체하기 어렵다는 특징이 있다. 따라서 핵심역량은 기업의 출발과 성장에 꼭 필요한 요소로 받아들여졌다.

하지만 크게 성장한 기업 중 핵심역량을 보유하고 있음에도 도태되는 기업이 나오면서 핵심역량에 대한 비판이 일었다. 프랑스의 이브 도즈Yves Doz 교수는 오히려 핵심역량만 믿으면 망한다고 주장했다. 전략적 근시안strategic myopia이라는 개념으로 전략을 수립할 때 범위를 근시안적으로 너무 좁게 잡아서 새로운 사업 진입에 실패할 수 있다는 내용이다. 예를 들면 규모가 있는 자동차 제조사가 오히려 전기차 사업에 늦게 뛰어들고 있으며 노키아가 OS(스마트폰 운영체제)의 오픈 분위기에 동승하지 못하고 망한 경우 등이다. 사실 사회 변화가 빠른 현재에서는 성장한 기업만이 아니라 스타트업에도 전략적 근시안의 개념은 유효하다. 확장 해석하면 스타트업이 자신들이 할 수 있는 일에만 집중하는 것은 매우 위험하다. 비관적으로 생각해보자.

대기업들이 득실하는 상황에서 몇 사람이 모여 자신들이 할 수 있는 일에 집중하여 제품을 출시했을 때 성공할 확률이 얼마나 되겠는가? 반대로 말하면 스타트업 최초 구성원에 플러스알파하여 새로운 핵심역량이 더해질 때 성공할 확률이 높다. 이브 도즈 교수는 전략적 근시안을 넘어서는 극복 방안도 제시했다. 바로 변화하는 환경에 맞춰서 끊임없이 혁신하는 능력인 전략적 민첩성strategy agility이란 개념이다. 오늘날의 핵심역량은 자신이 갖고 있던 성공 경험을 뛰어넘는 혁신을 실행에 옮길 수 있는 능력을 말한다.

코쿤 테트놀로지KoKoon Techoology는 2013년에 설립된 센서가 장착된 수면용 헤드폰을 만드는 하드웨어 스타트업이다. CEO인 팀 안토스Tim Antos는 영국 로이드 은행 출신의 전략가였다. 2015년 5월 클라우드 펀딩을 시도하여 2015년 7월까지 8489명의 개별 투자자에게 1900만 달러(약 200억 원)를 펀딩 받는 놀라운 흥행에 성공했다.

착용하고 자도 불편하지 않도록 부드럽게 만들었고 통풍이 잘되며 잠이 들면 저절로 음이 꺼졌다가 일어날 시간이 되면 음악이 천천히 켜진다. 블루투스 4.0을 이용하여 무선으로 처리했다. 눈여겨볼 부분은 멤버 중에 중국 선전에 자리한 엑셀러레이터 회사인 핵셀러레이터 멤버가 멘토로 지칭되어 3명이 포함되어 있는 점이다. 팀 안토스의 코쿤 테크놀로지는 선전의 핵셀러레이터에서 인큐베이팅되었다(현재 사무실은 영국 런던에 있음). 수면을 인식하고 자동으로 음악을 컨트롤하

▶ 수면용 헤드폰 코쿤과 멤버. 킥스타터 홈페이지:
https://www.kickstarter.com/projects/1861630723/take-control-of-your-sleep-
with-kokoon-eeg-headpho/description

는 등 각종 기술이 들어가 있는 제품을 은행의 전략가였던 CEO가 모
든 기술적 필요 사항을 챙기며 엔지니어를 일일이 선별해서 모아 개
발팀을 꾸려 제품을 출시할 수 있었겠는가? 부족한 핵심역량은 핵셀
러레이터에서 얻었다. 재미있는 것은 사진상에 팀 안토스 본인을 기계
공학 엔지니어로 명해놓았다는 점이다. 하지만 그의 이력을 보면 엔지
니어라고 명한 것에 동의하기가 쉽지 않다. 아마도 핵셀러레이터에 너
무 많이 의존한 느낌이 있어 그렇게 명하지 않았나 싶다.

　우리나라에도 이제 막 하드웨어 스타트업을 인큐베이팅하는 엑셀

하드웨어 스타트업

러레이터가 생겨나고 있다. 하지만 선전의 제조 역량에 비하면 턱없이 열악하다. 거꾸로 말하면 이러한 역량 있는 하드웨어 스타트업 엑셀러레이터는 쉽게 설립할 수 없다. 이제까지 없던 제품을 개발하는 것은 시장에서 발생할 수 있는 문제점을 예측하여 최소화해야만 가능하다 (관련된 부분은 뒤에서 자세히 다룬다). 2015년 9월 쿼키Quirky가 파산신청을 냈다. 개인들의 아이디어를 제품으로 실현해주어 2000억 원이 넘는 투자금을 받을 정도로 잘나가는 스타트업이었다. 하지만 과도한 운영 비용의 소요를 감당하지 못하고 개발한 제품들이 고객에게 외면당면서 파산에 이르렀다. 제품의 개발은 기능 구현만이 다가 아니다. 제품의 구현은 기본이고 품질 문제를 최소화해야 하며 제품 원가는 낮추어야 한다. 하드웨어 스타트업들이 선전의 엑셀러레이터에 몰리는 이유도 여기에 있다. 우리나라의 하드웨어 스타트업 엑셀러레이터에도 이런 능력이 반드시 필요하다. 그래야 하드웨어 스타드업을 시도하는 이들에게 부족한 부분을 채워주는 영양분이 될 수 있기 때문이다.

하드웨어 스타트업이 필요한 핵심역량을 모두 갖추어 출발하기는 어렵다. 성공한 스타트업들의 공통 사항 중 하나가 마음에 맞는 사람을 만나서다. 이는 달리 말하면 핵심역량을 가진 사람들끼리 뭉쳤을 때 시너지가 난다고 봐도 된다. 왜냐하면 상호 부족함이 있으므로 힘을 합치기 때문이다. 핵심역량이 없어 고민이 되는가? 자신의 장점을 헤아려 사람들을 찾아 밖으로 나가라. 사람들을 만나 해당 일이 진행될 수 있는 도움을 받아야 한다. 스타트업 모임에 자주 나가라. 인맥을 만드는 건 책상에 앉아서는 할 수 없다.

시제품 제작,
사용성 보완

하드웨어 스타트업이 제작하려는 시제품은 구현 정도에 따라 난이도가 천차만별이다. 단순한 형태는 레이터 커터기 등을 이용하여 순식간에 깎아서 만들 수 있다. 하시만 난이도가 높은(예를 들어 스마트폰과 연동되는 등의) 시제품은 제품 외관과 더불어 소프트웨어적인 부분까지 개발해야 하므로 개발 기간이 길고 비용도 많이 소모된다.

티알티엘TRTL은 영국 스코틀랜드에 자리한 하드웨어 스타트업이다. 누워서 잘 수 없는 상황에 턱을 기댈 수 있도록 만든 제품인 넵스카프NapScarf를 출시했다. 전기적 동작이나 스마트폰 연동 등 IT 기술이 필요 없다. 스카프 내부에 턱을 기댈 수 있는 구조물이 보이지 않게 들

Separate the velcro and extend your Trtl Pillow

Position the Trtl Pillow arch wherever is most comfortable

Wrap up (tighter for more support) and enjoy your nap

▶ 넵넵스카프 착용 모습.
티알티엘 홈페이지: http://trtl.co.uk/

어 있다. 이에 주변 사람들에게 티 나지 않게 자연스럽게 잘 수 있도록 해준다. 장거리 여행을 갈 때 요긴하게 사용할 수 있겠다. 티알티엘에서 만든 제품은 소프트웨어는 전혀 필요 없다. 따라서 개발 난이도는 상대적으로 낮다. 그래서 가격 또한 저렴하다. 실제 19.95유로(약 2만 5000원)에 판매되고 있다. 이 제품은 만드는 과정도 그만큼 어렵지 않다. 하지만 고정부 재질의 선택과 각도 등을 선정하기 위해 다양한 재질과 형태로 시제품을 제작하고 사용성을 보완해야 한다.

하드웨어 스타트업

생활의 편의를 도모해주는 측면
에서 2장에서 언급된 어거스트는
문을 잠그는 자물쇠이면서 무선으
로 동작하는 IT 기기다. 이 제품은
집이나 사무실의 안전과 연관되므
로 오랜 시간 사용해도 동작에 문
제를 일으키면 안 된다. 또한 블루

▶ 스마트 도어락 어거스트

투스로 데이터를 스마트폰이나 허브로 데이터를 송부하고 전달받아
야 한다. 여기에 문이 잘 닫혔는지 비주얼하게 보여주기 위해 어거스
트의 바깥 테두리는 회전하며 닫힘과 열림을 눈으로 볼 수 있게 해준
다. 또한 위 사진에서 보는 바처럼 디자인도 멋지다.

시제품 제작은 디자인 확인을 위한 목업mock-up(목업, 시제품, 프로토타
입은 동일한 의미의 용어) 제작과 실제 움직이고 시연이 가능한 워킹 목
업 제작으로 나뉜다. 디자인 목업은 외관의 형태와 질감 그리고 체감
적 사용성을 확인하기 위해 제작한다. 자금을 아껴야 하는 하드웨어
스타트업의 입장에서는 굳이 디자인 목업을 제작하지 않고 바로 워
킹 목업을 만들고 싶은 욕구가 생길 수 있다. 하지만 모니터 상에서 모
델링으로 만들어진 가상의 3D 데이터는 실제 현물로 만든 데이터보
다 더 나아 보이는 경우가 많다. 또한 디자인 목업은 상대적으로 저렴
한 비용이 들어간다. 난이도에 따라 다르지만 보통 몇십만 원에서 몇

백만 원 수준이다. 그러고 나면 워킹 목업은 어거스트처럼 문을 여닫는 동작이 실제로 작동되도록 만드는 목업이다. 목업의 난이도가 높으면 워킹 목업에 그만큼 많은 시간이 들어간다. 하지만 제대로된 시제품이 있어야 큰 투자처를 모색할 수 있다(이때의 투자 시기를 보통 라운드 A라 칭함). 자신들의 제품이 고객에게 미치는 다양한 장점과 단점을 확인할 수 있다. 시제품을 정교하게 만들기 위해 선전 등의 엑셀러레이터를 찾는 이유도 원하는 기능을 충분히 잘 구현하기 위해서다.

시제품 제작 단계에 실제 고객의 사용성을 충분히 확인해야 한다. 여기서 발견하지 못한 몇 개의 결함이 고객의 손에 가서 품질 문제화될 경우, 그간의 노력이 모두 수포로 돌아갈 수 있기 때문이다(품질 관련 내용은 뒤에서 추가로 다룬다). 그리고 시제품이 완성되었다고 판단되면 출시해도 문제가 없는 기기라는 것을 인증받아야 한다. 다행스러운 건 과거 총 70여 개의 법정의무인증제도가 2011년 1월 하나의 인증마크KC로 통합되었다는 점이다. '제품 안전'이라는 똑같은 목적이었지만 다양한 인증마크로 인해 중복으로 인증받는 불편함이 있었다. 시간과 비용이 낭비되는 것은 물론 국가 간 거래에서 상호 인증이 되지 않아 재인증을 받아야 하는 등 국제 신뢰도 저하와 국부 유출의 문제를 가져왔다. 이에 국가기술표준원에서 국가통합인증마크인 KC 인증으로 통합했다. e나라 표준 인증 사이트(https://standard.go.kr) 에 가면 KC 인증에 관한 자세한 정보를 얻을 수 있다.

이 책에서 중국 선전의 시제품 제작 인프라를 자주 언급하지만, 미국에도 시제품 제조로 연간 2300억 매출을 일으키는 회사가 존재한다. 프로토랩스^{Proto Labs}(http://www.protolabs.com/)라는 회사다. 1999년에 설립되었고 구성원은 1000명이 넘는다. 선전 못지않게 전 세계의 시제품 제작 고객을 갖고 있다. 국내에도 시제품 제작 관련 전문기업들이 존재한다. (필자도 시제품 제작업을 하고 있다.) 국내 시제품 제작 능력도 기술적으로나 규모상으로 커졌으면 좋겠다. 시제품 제작의 증가는 그만큼 하드웨어 스타트업이 많이 생기는 풍토가 조성되었다는 뜻이기에 그렇다.

자신의 아이템에 맞고 기술이 있는 시제품 제작처를 선택하여 시제품을 제작하라. 제품 개발 경험이 많은 시제품 제작처일수록 제품 개발에 대한 어드바이스도 받을 수 있다.

내 제품에 맞는
적정 품질 확보하기 1

하드웨어 스타트업이 도전하는 제품은 완전히 새로운 제품일 수도 있고, 기존 제품의 변형일 수도 있다. 사용 환경의 측면에서 보면 사람이 휴대하는 제품일 수도 있고, 실내에 자리할 수도 있으며, 외부에 설치하는 제품일 수도 있다. 제품의 신규성과 사용 환경에 따라 적정 품질을 확보해야 한다. 특히 지금과 같은 공급과잉의 시대에는 고객이 생각하는 품질 수준에 다다르지 못하면 해당 하드웨어 스타트업은 투자받기는커녕 빚더미에 앉을 수 있다. 품질은 신뢰의 문제다. 제품이 쉽게 망가지거나 시간이 지날수록 성능이 떨어지거나 오동작을 일으킨다면 제품을 만든 하드웨어 스타트업에는 치명적이다.

3D 프린팅 관련 경진대회에서 심사위원을 맡았을 때의 일이다. 그럴듯한 모델링과 함께 제품에 대한 프레젠테이션이 제법 잘된 응모작이 하나 눈에 들어왔다. 기존 제품에 아이디어를 가미한 것이었다. 부족한 게 보였지만, 응모자는 하루 이틀 준비한 게 아닌 듯싶었다. 제출한 프레젠테이션 외에 더 어필할 부분이 있다고 판단되어 본선에 올라 추가 고민이 반영되면 좋을 것 같았다. 이에 해당 작품의 점수를 상대적으로 높게 부여했다. 다른 심사위원들도 비슷한 평가를 하여 그들은 본선에 올랐다. 1박 2일로 진행되는 본선 당일, 해당 작품의 주인공을 직접 만났다. 첫째 날은 참가 동기와 출품한 내용에 대해 서로 이해하는 시간을 가졌다. 첫날 보완이 필요한 부분에 관해 이야기를 나누고, 밤새 추가 아이디어나 부족한 부분을 채운다. 이튿날 경쟁 프레젠테이션을 한다.

　　앞서 언급한 아이디어 상품을 제출한 응모자와도 이야기를 나누었다. 솔직히 기대와 달리 제품 수준이 매우 미흡했다. 예선 통과 후에도 어느 정도 시간이 있었지만 보강은 거의 없었다. 이유를 알고 보니 이 응모자는 이런 류의 직업과 전혀 상관없는 이였고, 단지 멋진 아이디어가 하나 떠올라 이걸 제품으로 만들어야겠다는 생각에 비용을 주고 전문업체에 맡겨 설계를 한 것이다. 그는 제품과 관련해 마케팅 자료를 작성하고, 양산 금형을 만들기 위해 중국 양산처와 미팅까지 한 상태였다. 이미 많은 비용을 지출했다. 하지만 아쉽게도 필자의 경험상 제품의 품질 결함이 너무나 많이 보였다. 판매 불가 수준이었다. 그가 하루라도 빨리 상황을 정확히 인지하는 게 필요하기에 예상 품질 문제점과 개선 방향을 전달했다. 생각지 못한 문제점이라고 말하던 그는 너무 놀라 눈물까지 글썽이더니 저녁부터 모습이 보이지 않았다.

이런 일이 벌어진 이유는 뭘까? 우선 아이디어 유출을 우려하여 혼자 '이 징도면 되겠다'고 판단한 것으로 보인다. 더불어 어처구니없게도 모델링 의뢰 등 관련 전문가들을 만났을 텐데 누구도 제품 결함을 언급하지 않았던 것 같다. 그냥 받기로 한 돈 받고 일만 해준 것이다. 시장에 이 제품이 나왔을 때 예상되는 품질 문제를 전혀 예측하지 못한 상태였다.

제시카 메튜스Jessica Matthews와 줄리아 실버맨Julia Silverman은 대학 공학 수업 당시 아프리카 어린이들이 전기가 없어 공부를 할 수 없다는 이야기를 듣고 30분 동안 갖고 놀면 약 3시간 동안 전등을 켤 수 있는 축구공을 착안해냈다. 그래서 2011년 5월 언채터드 플레이Uncharterde Play를 공동 설립했다.

선한 의도였기에 전 세계적으로 크게 이슈화가 되었다. 2013년 3월 클라우드 펀딩에 성공했다. 2013년 12월 첫 제품이 출하되었다. 하지만 소켓Soccket을 몇 번 차지도 않았는데 고장이 났다는 불만이 여기저기서 접수된다. 제품에 품질 결함이 있었다. 언채터드 플레이는 사

▶ 소켓을 갖고 노는 오바마 대통령과 소켓에 연결한 LED 전등불.
http://www.tinyspark.org/podcasts/soccket http://unchartedplay.com/

과함과 동시에 제품의 품질 문제를 해결하겠다고 언급했다. 1년 만인 2014년 12월 개선한 제품을 다시 내놓아 현재 판매 중이다. 선한 의도가 아니었다면 펀딩액을 다시 환불하는 등 오히려 가진 돈을 잃는 상황까지 갔을 것이다.

첫 번째 사례는 휴대폰 보호 케이스에 기능을 추가했던 제품이다. 추가된 기능으로 인해 해당 보호 케이스가 장착된 휴대폰을 잡았을 때 소위 말하는 그립감이 매우 좋지 않게 되는 상황이었다. 더불어 보호 케이스 뒷면에 여닫이식으로 뚜껑을 열고 이어폰을 넣어두는 구조가 있었는데 열고 닫는 힌지(경첩 같은 역할을 하는 부품) 부분이 쉽게 망가질 수 있는 구조였다. 이뿐 아니라 너무 많은 문제점을 안고 있었다. 두 번째 사례는 소켓 본연의 기능인 축구놀이로 충전하는 기능이 사용한 지 며칠 만에 동작하지 않는 상황이다. 이는 자동차를 구매한 지 며칠 만에 시동이 안 걸리는 것과 동일한 상황이다. 이 정도로 심각한 불량을 양산한 후에 고객으로부터 피드백 받아 알게 된다는 것은 도대체가 말이 안 되는 상황이다. 추측건대 언채터드 플레이 내부에 품질을 확보하여 제품을 양산한다는 개념을 제대로 아는 사람이 단 한 명도 존재하지 않았기에 벌어진 일일 것이다. 그렇지 않고서는 제품 본연의 기능이 엉망인 제품이 출시될 수 없기 때문이다.

적정 품질 확보는 하드웨어 스타트업의 명운을 좌우한다. 돈을 펀딩 받고 멋진 제품 기획을 하고 마음에 맞는 사람을 모아도 적정 품질 확보는 하드웨어 스타트업의 기본 중 기본인 것이다.

내 제품에 맞는
적정 품질 확보하기 2

하드웨어 스타트업을 하고자 하나 제품 개발에 문외한이라면 가급적 자신이 하고자 하는 제품에 대해 잘 알고 있고 본인이 생각하는 제품과 유사한 제품을 양산한 경험이 있는 곳을 찾아 양산을 의뢰하는 것이 좋다. 경험이 많은 사람은 자신의 경험에 비추어 발생 가능한 문제점에 대한 예측력이 높기 때문이다. 하지만 주변에 그리 경험 많은 전문 생산처도 없고 품질 문제에 대해 경험이 많은 사람이 없다면 어떻게 하는 게 좋을까? 또한 완전히 새로운 제품이라 경험에 빗대어 예상 품질 문제를 도출할 수 없는 상황이라면 어떻게 해야 할까?

믿을 사람도 없고 기댈 데도 없는 상황에서 내 제품에 맞는 적정 품질을 확보하기 위한 방법에는 4가지가 있다. (물론 품질 확보를 위한 여러 가지 솔루션과 통계적 기법을 공부하는 것이 가장 좋은 방법이지만 여기서는 그런 좌뇌적인 답은 제외한다.)

첫째, 어떤 경우에도 강력한 힘을 갖는 방법이다. 본인 스스로가 하드웨어 스타트업 구성원이 아니라 해당 제품의 고객이라는 마인드를 가져라. 앞선 소켓 축구공을 예를 들어보자. 처음 2011년 5월 언채터드 플레이가 설립된 후 최초로 제품이 발송된 2013년 12월까지 총 2년 7개월이 소요되었다. 만약 설립자나 소켓의 개발자가 자신이 아프리카 어린이이고 공을 받으면 매주 혹은 매월 얼마나 공을 갖고 놀지를 상상해보았다면, 그리고 자신이 완성되어 가는 소켓을 발로 차고 벽에도 부딪쳐보는 등 충격을 주고 사용해봤다면 어땠을까? 아마도 출시 전에 문제점을 인지했을 것이다. 앞서 언급한 보호 케이스의 예도 마찬가지다. 자신이 제품을 구매한 고객이라 여기고 직접 손에 쥐어보기도 하고 들고 있다가 떨어뜨린다는 상상을 해보았다면 100%는 아니더라도 문제점의 상당 부분은 인지할 수 있었을 것이다.

둘째, 시장에 출시했을 때 어떤 문제가 발생할 수 있는지에 대해 전문가에게 질문하라. 전문가가 없다면 주변 지인들에게라도 물어라. 하드웨어 스타트업을 하는 사람이 주의해야 할 부분 중의 하나이기도 하다. 정보가 새어나갈까 봐 제품 개발 자체를 숨긴다. 하지만 자신의 제품에 대한 기술적인 노하우를 보유하지 못한 경우에는 최대한 지인을 찾고 전문가를 찾아서 다양한 견해를 들어야 한다.

셋째, 각종 내구성 시험을 해주는 곳과 테스트 장비를 만드는 업체를 찾아서 이야기를 나눠보라. 의외로 품질 신뢰성 평가를 대행해주는 회사와 각종 신뢰성 장비를 판매하고 직접 제작하는 업체들이 꽤 있다(예를 들어 신뢰성 평가, 신뢰성 장비, 신뢰성 장비 제작 등의 키워드로 검색해보라). 예상되는 문제를 평가하는 방법과 해당 신뢰성 장비를 소개해달라고 해보라. 그리고 적절히 활용하여 신뢰성 평가를 위탁하거나 반복적으로 확인해야 하는 중요한 장비는 구매를 고려해보라. (정부의 하드웨어 스타트업 지원 프로그램 중 시제품을 만들고 평가하는 것에 지원되는 비용을 고려하여 사용해도 좋겠다.) 예컨대 하드웨어 스타트업의 제품이 생활방수(가랑비 맞는 수준) 수준으로 제품을 만들어야 한다면 방수 평가 방법과 방수 평가 장비에 대해 문의하면 된다.

넷째, 그래도 방법을 찾지 못했다면 필자에게 문의하라. 가능한 범위 내에서 최대한 도움을 드리도록 하겠다. (창조경제타운 멘토로 등록되어 있으니 될 수 있으면 창조경제타운의 시스템을 이용해주시면 좋겠다.)

사실 이 책에서 제품 품질을 확보하기 위한 여러 가지 방법론과 실제를 논하기에는 해야 할 이야기가 너무나 많다. 20년 가까이 제품을 기획하고 설계하고 양산한 경험이 있고, 더불어 연구소에서 품질 평가 방법론과 품질 평가 장비 총괄 업무를 다년간 해왔기 때문이다.

엔지니어가 아니라면 알 수 없는 예를 조금 더 들어본다. 다음은 휴대용 디바이스에 대한 부품 품질 평가 규격의 예다. 예컨대 휴대폰 부품 중 사람 손에 닿는 휴대폰 외관 부품에 대한 신뢰성 규격을 말한다.

평가 항목	조건 및 판정
고습 저장	70℃, 90% 습도로 부품 투입 후 48Hr 후 1mm x cut 1회 후 박리 없을 것
열충격	−20∼80℃ 각 40min., 20 Cycles 후 외관에 이상 없을 것
RCA 마모	250g.f, 100 Cycles 후 도막이 남아 있을 것
연필 경도	1kg.f Pencil 1H에 도막이 남아 있을 것
자우개 마모	Rubber 500g.f 왕복 20,000회 글씨 알아볼 수 있을 것
X cut	3회 착탈 후 벗겨짐 없을 것
침염 평가	유성펜 긋고 50℃, 95% Rh, 24Hr 방치 후 알코올로 닦여질 것
염수 분무	Nacl 5%, 35℃, 36Hr 후 외관 이상 없을 것
내화장품	SPF 30∼40 도포 후 48Hr 후 x cut 1회 이상 없을 것
내산성	PH 4.6, 36Hr 침전 후 외관 이상 없을 것
알코올 러빙	메탄올을 500g.f 면포, 적용 200회 러빙(Rubbing) 후 벗겨짐 없을 것
자외선	1120w/㎡, 55℃, 8Hr On, 16Hr Off 5 Cycles 후 컬러 편차 확인

각 평가 규격은 제품이 출시된 후 다양한 환경 조건에서 고객이 사용하는 중에 품질 문제를 일으킬 수 있는 요인을 찾아 만들어낸 것이다. 예를 들면 내산성 테스트는 산성비가 오는 횟수의 증가로 산성비로 인한 제품 외관의 변색, 부품 발생 등의 사례가 확인되어 생겨난 테스트다. 위에서 언급한 평가 말고도 제품이 다 조립되어 있는 상태에서 시행하는 낙하 테스트, 진동 테스트 등도 별도로 존재한다. 이

모든 테스트를 하드웨어 스타트업에서 사전에 인지하고 진행하는 게 쉽지는 않겠다. 하지만 앞서 언급한 내용들을 토대로 알아보고 문의해나간다면 충분히 양산 전에 심각한 문제들은 없앨 수 있다고 확신한다.

품질 문제에 대한 두려움을 갖기보다는 적극적인 자세로 임하여 고객에게 제품이 전달되기 전에 미리 없애겠다는 자세가 중요하다. 두드리면 문은 반드시 열린다.

양산성 확보 및
판매 루트 확보

시제품 제작을 통해 원래 추구하
려던 제품을 실제 형상화했을 때도 문제는 없는지, 예상하지 못한 문
제는 없는지 확인이 끝났다면 이제 양산 준비에 돌입해야 한다.

시제품은 소량으로 제작하여 제품의 상품성을 확인하지만 양산은
다르다. 보통 제품은 부품들의 조립으로 이루어진다. 낱개의 부품은
저마다 역할이 있고 이것들이 모여 제품을 이룬다. 따라서 각각의 부
품은 관리의 대상이 되며 각 부품의 주요한 기능에 맞게 핵심 관리 포
인트를 부여한다. 예를 들면 전원 버튼은 버튼 자체는 전기적 기능이
없다. 사람이 누른 버튼은 다시 내부 스위치를 누르는 역할을 한다. 따
라서 버튼과 스위치 사이에 이물이 끼거나 스위치의 길이가 변하면

버튼을 눌렀을 때 버튼을 누른 느낌이 잘 나지 않을 수 있다. 이 경우 버튼의 길이는 중요한 관리 포인트가 되며 버튼 밑면에는 어떤 이물도 묻지 않도록 관리되어야 한다. 이렇듯 각각의 부품에 핵심 관리 포인트가 부여된다.

이때 양산성은 중요한 관리 포인트다. '양산성'이라는 말은 양산을 위해 걸리는 시간과 노력의 많고 적음을 뜻한다. 제품 양산을 위해 투입되는 사람이 많고 하나의 제품 혹은 부품이 완성되는 데 걸리는 시간(사이클 타임)이 길다면 그 제품은 양산성이 낮다고 이야기한다. 당연히 양산 원가는 비싸지고 그만큼 최종 판매가도 올라가게 된다. 양산성을 좌우하는 요소 중 영향력이 큰 부분은 총 3가지가 있다.

첫 번째는 부품 수다. 부품 수가 많으면 많을수록 부품 자체를 만드는 데 들어가는 비용과 조립비가 올라간다. 예를 들어 스크류를 많이 사용하여 부품을 조립하면 스크류 비용과 조립을 위한 소립 비용이 발생한다. 하지만 후크Hook(상호 잡아줄 수 있는 걸림 구조) 형상을 만들어 찰카닥 하고 끼워지는 구조라면 스크류 비용과 조립 비용이 줄어든다.

두 번째는 조립 난이도다. 아이폰과 아이패드를 분해해보면 내부 조립 상황이 국내에서는 도저히 조립하지 못할 수준으로 난이도가 높다. 매우 비좁은 공간에 전선을 일일이 형상화하여 조립하거나, 스크류를 제품 정면과 45도 방향으로 체결할 때도 있으며, 외관에서 볼 때 부품과 부품 사이의 갭gap을 최소화하기 위해 부품 크기를 정밀 측정 후 로봇으로 조립하기도 한다. 실제 아이폰을 국내에서 조립한다면 조립비가 중국 폭스콘에서 조립하는 것에 비해 몇 배로 뛰는 것은 당연하다. 동일한 여건이라면, 그리고 특별한 사유가 없다면 부품의 조립은 최대한 심플하게 해야 한다.

세 번째는 각 부품의 품질관리다. 개별 부품이 문제가 없어야 양산성이 높다. 만약 개별 부품에 이상이 있어 조립 후 문제점이 발견되면 다시 해체하여 해당 부품을 교체해야 하는 등 막대한 손실을 가져온다. 따라서 조립 전 각각의 부품에 이상이 없도록 해야 한다. 이를 위해서는 각 부품을 어떤 회사에 맡겨 생산할지가 관건이다. 각 부품을 제대로 생산해야 전체 제품이 문제가 발생하지 않는다. 하드웨어 스타트업은 양산 설비를 갖추고 있지 못하다. 따라서 부품의 양산처에서 기존에 어떤 부품을 양산했었는지 확인이 필요하다. 예를 들면 버튼을 만들어왔던 업체에 스타트업 제품의 버튼을 제작해달라고 하는 식이다. 하지만 실제 현실에서는 자금의 부족으로 기존 양산 경험이 없는 업체에 버튼을 제작하도록 하는 상황도 생긴다. 이때는 이 업체를 중점 관리 포인트로 보고 주기적으로 모니터링할 필요가 있다.

스페이스 멍키Space Monkey는 개인용 클라우드 데이터 저장기다. 서비스 사업자의 클라우드 장소를 이용한 개인 데이터 저장을 불안해하는 사람들을 위해 고안되었다. 미국 솔트 레이크 시티의 고든 캐럴

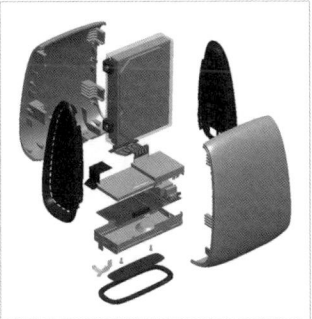

▶ 개인 클라우드 저장기 스페이스 멍키의 모습(왼쪽)과 설계가 완료된 3D 모델링(가운데), 3D 프린터로 제작한 시제품(오른쪽). https://www.spacemonkey.com

Gordon Carroll과 앨런 피콕Alen Peacock이 2011년 설립한 하드웨어 스타트업 이다. 개인의 데이터를 개인용 서버에 저장하여 데이터 유출을 원천 차단한다는 아이디어다. 2012년 7월 구글 벤처스Google Ventures와 벤처 스 51Ventures 51을 통해 기초 자금Seed Money 225만 달러(약 26억 원)를 펀딩 받았다. 이후 그들이 제품을 완성시켜 가는 과정을 살펴보자.

- Phase 1: 구체적인 기계공학적 설계 완료 2013.01
- Phase 2: 개별 부품 제조사 선정 완료 2013.03
- Phase 3: 기술적인 검증 완료(10~20세트) 2013.03
- Phase 4: 외관 디자인 검증 완료(100~200세트) 2013.05
- Phase 5: 양산성 검증 완료(5000세트) 2013.06
- Phase 6: 대량 양산 2013.06

위는 스페이스 멍키가 온라인에 오픈한 그들의 생산 준비 과정이다. 이를 조금 더 상세히 풀어서 본다면 아래와 같다.

- 2013년 1월: 디테일한 디자인을 완성했다. 3D 설계를 마쳤다는 것을 의미한다. 아직 전반적인 제품의 내구성은 확인되지 않은 상태다. (135페이지 가운데 사진)

- 2013년 3월: 각 부품 제조사를 선정 완료했다. 설계가 완료된 1월부터 약 2개월의 기간이다. 각 부품을 맡길 만한 업체를 찾고 그 업체와 실제 부품을 제작해본다. 이를 통해 최종적으로 각 부품을 어떤 업체로부터 공급받을지 확정했다.

- 2013년 3월: 제품의 성능적인 검증이 완료되었다. 회로적인 구성과 외관 디자인을 만족하며 기능적으로 문제가 없도록 제품의 설계와 검증을 마쳤다. 10~20개의 세트로 검증을 진행했다. (135페이지 오른쪽 사진 시제품)

- 2013년 5월: 디자인 검증을 완료했다. 이는 외관의 형상뿐 아니라 컬러도 확정했다는 뜻이다. 예를 들어 블랙, 화이트, 실버 등 양산용 컬러를 제품에 뿌려보고 양산성을 검증 완료했다. (디자인 검증으로 인한 시간이긴 하나, 실제 소프트웨어적인 개선 등 다른 개발 업무도 진행한다.)

- 2013년 6월: 양산성 검증을 완료했다. 총 5000대를 생산하면서

실제 대량생산 시에 문제를 발견하고 개선하는 작업을 완료했다는 뜻이다. 일반적으로 5000대를 한 번에 작업하지 않는다. 예를 들면 4000대를 생산하면서 문제점을 도출하고 문제점을 개선한 후 추가 1000대를 생산해서 앞서 도출한 문제점이 사라졌는지 확인한다.

- 2013년 6월: 대량생산을 시작했다.

양산성의 검증은 제품과 상황에 따라 다르지만, 보통 500~5000세트를 생산하면서 확인한다. 그래서 3D 프린터 등의 시제품이 아닌 양산 금형으로 검증한다. (실제 대량 양산을 하고 있다고 가정하여 생산을 실시한다.)

스페이스 멍키는 이런 생산이 준비되는 과정 중, 그러니까 위에서 Phase3의 단계인 제품의 성능에 문제가 없음을 확인한 시점에 클라우드 펀딩에 도전한다. 2013년 4월부터 1개월간 클라우드 펀딩을 통해 2989명의 후원자로부터 34만 9000달러(약 4억 5000만 원)를 투자받게 된다.

스페이스 멍키에서 진행한 개발 과정처럼 아무리 큰돈을 투자받았을지언정 각 부품의 양산은 기존부터 동종 부품을 만든 곳인 전문 생산처에서 생산한다. (이런 부분 때문에 하드웨어 스타트업은 본인 회사만이 아니라 주변 생태계를 키운다고 말하는 것이다. 또한 중국 선전 등에서 시제품 제작과 양산을 진행하려는 하드웨어 스타트업이 느는 이유도 이러한 전문 생산처가 곳곳에 구축되어 이미 생태계를 이루고 있기 때문이다.)

스페이스 멍키는 2014년 80만 명의 고객을 갖고 있는 미국의 홈오토메이션 업체인 비빈트^{Vivint}에 인수되었다. 이를 통해 스페이스 멍키는 큰돈을 벌었고 투자했던 구글 벤처스와 벤처스 51 등의 투자자들은 엑싯에 성공하여 투자한 돈의 몇 배 혹은 몇십, 몇백 배에 해당하는 돈을 회수했을 것이다(정확한 M&A 금액은 공개되지 않음).

하드웨어 스타트업의 성공에서 제품의 생산성 확보는 중요한 과정이다. 경험이 많고 문제해결 능력이 우수한 전문 생산처를 찾는 것이 핵심이다. 제품 생산은 하드웨어 스타트업 혼자 하는 게 아니다. 만약 생산을 위한 좋은 파트너를 만났다면 해당 하드웨어 스타트업은 천군만마를 얻은 것과 다름없다.

04
하드웨어 스타트업, 심화 실제

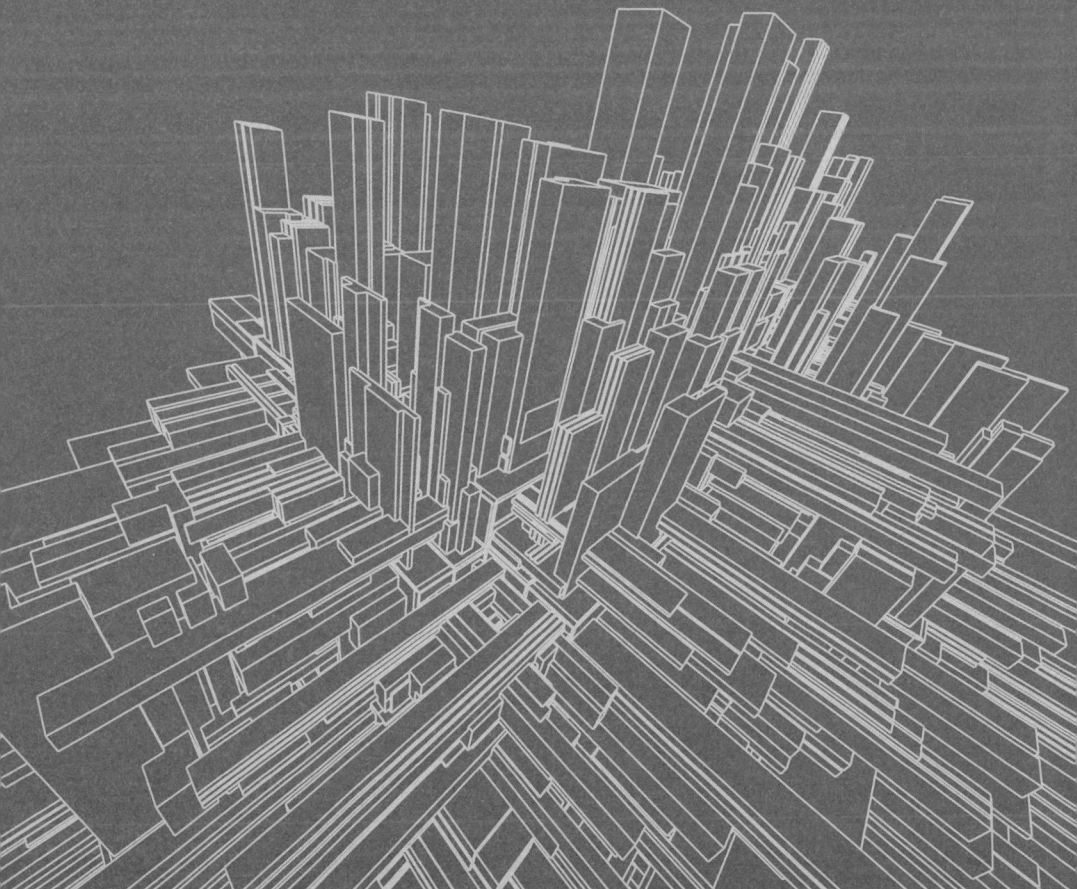

우리의 비전은
무엇인가?

잘되는 회사나 조직은 문화를 가지고 있다. 문화는 누가 만들까? 리더가 만든다. 만든다는 말에 동의하지 않는 분도 있을 수 있겠다. 하지만 민드는 긴 리더고 누리는 건 구성원이다. 리더의 말 한마디, 얼굴 찡그리는 화답 하나로 구성원은 여러 반응을 보인다. 구성원들은 리더의 말 한마디에 각자 나름의 방법으로 응대한다. 승승장구하는 회사의 시스템을 똑같이 모방하여 운영한다고 그 회사와 절대 같아질 수 없다. 이유는 리더의 평상시 모습 때문이다. 사람이 바뀌든, 행동이 바뀌든 바뀌어야 문화가 바뀐다.

보통 사람들은 회사의 비전과 문화를 무시하는 경향이 많다. 그 회사의 비전과 문화를 몰라도 회사가 잘 돌아가는 것 같은 착각을 하기 때문이다. 하지만 회사가 어려워지고 나면 비전과 문화가 잘못되어서 그렇다는 것을 뒤늦게 깨닫는다. 지금 작은 성공도 해본 적 없이 힘든가? 그렇다면 문화나 비전이 없어서다. 1인 스타트업이라도 개인의 문화나 비전이 있어야 한다. 지금 잘되고 있는데 앞날이 두려운가? 본인 혹은 본인 기업의 문화와 비전을 다시 돌아보아야 한다. 허황된 비전, 의미 없는 비전을 제대로 정립해야 한다.

우블웍스WobbleWorks는 세계 최초로 '3두들러3Doodler'라는 3D 프린팅 펜을 만든 하드웨어 스타트업이다. 2013년 3만 달러(약 3400만 원)의 돈을 클라우드 펀딩으로 투자받아 정식 상품으로 출시했다.

이 펜을 처음 본 사람은 재미있고 신기해한다. 그렇다면 이런 제품을 고안한 사람은 어떤 생각과 재치가 있었을까? 스티브 잡스처럼 영감이 있고 통찰력이 있는 사람이었을까? 그렇다면 일반 사람은 애초에 불가능한 건가? 이걸 만들어낸 사람들의 동기는 생각보다 간소하다.

"우리는 특별한 기술적 지식이나 모델링 소프트웨어, 컴퓨터 없이도 단지 몇 분 안에 사용할 수 있는 3D 프린팅 디바이스를 고안해낼 수 있기를 바랐다."

3D 프린팅 원리를 몰라도, 3D 프린팅 노하우, 모델링 능력, 컴퓨터 등이 없어도 3D 프린팅이 가능하기를 바랐다는 것이다. 아무런 사전 지식 없이도 누구나 몇 분 안에 3D 프린팅을 할 수 있기를 원한 것이

3DOODLING BARBIE OUTFITS: LIFE IN PLASTIC, IT'S FANTASTIC!

"Barbie, you're so photogenic!"

Barbie being a bit of a diva: "Ken, please get me a coffee... Like NOW"

Barbie's weekend side project

3DOODLER COMMUNITY RETROSPECTIVE: DOODLED FASHION IN 2015

It has been an exciting year for 3Doodler, with creativity in areas we never would have imagined. Some of the most inspiring and ambitious Doodles we have seen have come from the fashion

POWERDOODLER ACTIVITY: GRACE DU PREZ'S LAMPSHADES

This week we have a special 3Doodler project tutorial. Grace Du Prez has fashioned this elegant pair of

▶ 세계 최초의 3D 프린팅 펜 3두들러. http://the3doodler.com/

다. 처음 3D 프린터를 접하고 배울 게 많아 힘들어했던 걸 해소하고자 했다. 시작은 비록 크지 않은 돈을 펀딩 받았지만 현재 3두들러 교육 프로그램을 론칭하고 1차 출시한 제품보다 슬림한 3두들러 2.0도 펀딩으로 출시했다. 만약 일반 전자제품 업체에서 이 제품을 기획했다면 어떤 일이 벌어졌을까? 제품화 진행이 어려웠을 것이다. 잠깐만 생각해도 단점이 한두 개가 아니다. 우선 일반 3D 프린터보다 프린팅 결과물이 매우 울퉁불퉁하다. 거기다 저가 3D 프린터는 50만 원 미만의 제품도 있기에 가격의 이점도 없다. 타깃 고객도 애매하다. 어른들도 이제 막 3D 프린터를 알아가는 판에 어린이용으로 판매가 가능하리라 여겼겠는가. 하지만 결과적으로 이 펜은 전 세계에 걸쳐 인기리에 판매되고 있다. 우리나라에도 정식 에이전시가 있다.

초라해 보이게 시작해서 끊임없이 발전해나가는 원동력은 무얼까? 우블웍스의 비전은 무얼까?

'즐겁고 혁신적인 장난감과 작은 로봇의 창조.'

재미있고 혁신적인 장난감과 작은 로봇의 창조다. 3D 프린팅 펜을 만들어 돈을 벌자는 단순한 마인드가 아닌 진정으로 즐길 수 있는 제품을 만드는 것이 그들의 비전이다.

2015년 4월 세계 최초로 3D 푸드 프린트 컨퍼런스3D Food Print Conference가 네덜란드에서 열렸다. 이 컨퍼런스에는 네덜란드, 독일, 스페인, 미국에서 팹랩 운영자, 푸드 3D 프린터 스타트업, 푸드 애널리스트, 음식 연구자 등이 참여하고 강연했다. 사실 국내에서도 푸드 3D 프린터가 출시되었다. 3D 프린터 제조사인 로킷에서 출시한 2015년 초콜릿 3D 프린터인 초코스케치라는 제품이다. 하지만 생각보다 울퉁불퉁한 외관과 초콜릿만을 전용으로 사용하는 점 등으로 인해 크게 활성화되지 못했다. 그렇다면 해외의 경우도 푸드 프린팅은 크게 활성화되지 못할까?

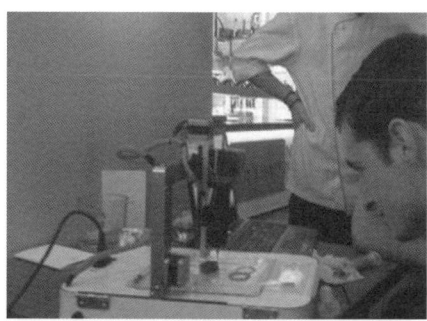
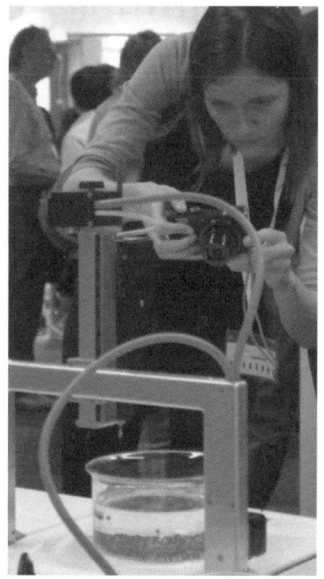

▶ 푸드 프린트 컨퍼런스. www.youtube.com/watch?v=tUMn0x54A1k

　컨퍼런스에 참석한 사람들은 3D 프린팅을 이용한 입체 음식 제작이 향후 다가올 수밖에 없는 명확한 트렌드라고 여긴다. 컨퍼런스에서 소개된 푸드 3D 프린터들은 크게 이슈화될 만한 것들이 없었지만 참석자들은 푸드 프린팅의 미래에 대해 저마다의 소신으로 강연하고 토론했다. 지금 당장은 현실적으로 고품질의 푸드 프린팅이 되지 않는다. 하지만 갈 방향으로 확신한 이들은 계속 도전할 것이다. 컨퍼런스에서 강연 발표를 한 네덜란드 마스트리흐트 팹랩 총괄운영자 프리츠 호프Frits Hoff는 푸드 3D 프린터 제작에 도전하여 킥스타터에 론칭했지만 목표 금액에 도달하지 못해 펀딩에 실패했다. 이들의 도전이 계속되는 이유는 푸드 프린터의 비전에 대한 확신이 있기 때문이다. 그런 측면에서 보면 로킷에서 초코스케치를 내놓은 것은 정말 멋진 판단이라고 생각한다. 당장 수익을 내기 어려워도 사람들에게 앞으로 이런 제품이 필요하다는 메시지를 전해준다. 이런 도전이 있기에 또 다른 도전을 낳으며 우리나라가 발전할 수 있다.

비전은 누가 지켜보지 않아도 일을 하게 만드는 힘이다. 지금 하드웨어 스타트업을 하고 있거나 도전하려고 한다면 비전을 정립하라. 힘든 일정, 지루한 여정 속에서 큰 등불이 되어줄 것이다.

메이커 정신의
재음미

하드웨어 스타트업은 고객에게 가치를 전달할 수 있는 물건을 전제로 존재한다. 제품이 가치가 부족하여 고객이 외면한다면 물선노, 하드웨어 스타트업도 존재할 이유가 없다. 하지만 상당수의 스타트업 도전자들은 돈을 벌려면 어떤 물건을 만들어야 하는지에 포커싱되어 있다. 재미있는 것은 이러한 접근이 오히려 성장과 성공의 방해가 될 확률이 높다는 점이다. 사람은 이성적이면서도 감성적이기에 충분히 가치 있는 제품을 만나면 본인이 받은 가치의 크기보다 훨씬 더 큰 호의를 베풀기 때문이다.

2007년 독일에서 설립된 게이밍 브랜드(게임 관련 브랜드)인 로캣ROCCAT은 게이머들이 게임을 하는 데 더욱더 편하게 할 수 있도록 게이

▶ 사용자 맞춤으로 버튼을 구매할 수 있는 마우스.
  로켓 홈페이지: http://www.roccat.org/en-KR/3D/

밍 마우스, 키보드 등을 만드는 회사다. 2015년 9월 로켓은 3D 프린팅 마켓인 쉐이프웨이즈Shapeways와 제휴하여 사용자 본인 스타일에 가장 적합한 버튼을 고르고 몇 번의 클릭으로 온라인 주문이 가능한 서비스를 제공하기 시작했다. 로켓은 고객 한 명 한 명이 가장 최적으로 게임을 즐길 수 있는 것에 집중한다. 이를 위해 경쟁사가 사용한 적 없는 3D 프린팅 마켓을 이용한 마우스 부품 판매를 실시한 것이다.

로켓의 CEO 및 구성원 대부분은 프로게이머 등 게임과 연관된 일을 하던 사람으로 구성되어 있다. 본인들이 하고자 하는 업을 더욱 잘하기 위해 멤버 구성도 게임을 좋아하는 사람 위주로 한다. 게임을 위해 최선을 다하는 이런 로켓의 분위기는 이들의 제품을 구매하는 사람들에게도 그대로 전달된다. 호기심으로 제품을 구매한 사람이 하나둘 마니아로 변하게 되는 이유다.

킥스타터와 같은 클라우드 펀딩도 같은 맥락이다. 펀딩을 신청한 스타트업에게서 그들의 제품이 왜 필요하며, 최선을 다해 완성시키고 있다는 진정성이 느껴지면 그 프로젝트는 펀딩에 성공한다. 해당 프로젝트에 투자하면 돈을 얼마 벌 수 있고, 기존보다 저렴하기에 펀딩에 참여하면 얼마의 돈을 아낄 수 있다고 어필하는 방법은 대부분 펀딩에 실패한다.

비즈Be-s는 1997년 설립된 일본 오사카에 자리한 주식회사다. 이 회사의 제품들은 하나같이 재미있고 독특하다. 일인용 가방 겸 테이블은 노트북을 올려놓은 테이블 면이 살짝 휠 정도로 견고하지는 못하다. 하지만 순식간에 가방을 테이블로 만들기에 적합하도록 설계되었다. 다매기ダメ着로 명명된 실내 잠옷은 한 번도 보지 못한 디자인에

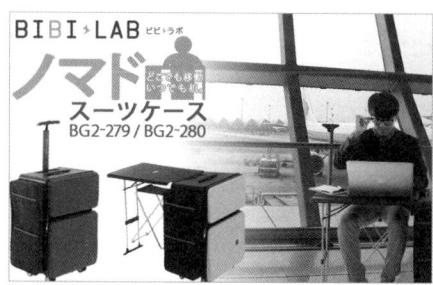 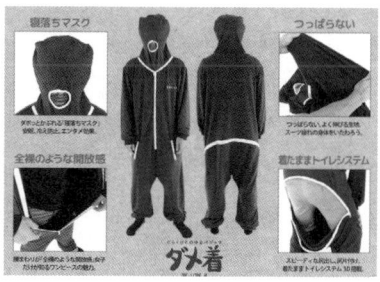

▶ 집에서 잠옷 겸 이불 겸 안대 겸 다용도로 입는 다매기, 일인용 가방 겸 테이블인 노매드 가방 (ノマドスーツケース). http://www.bibilab.jp/

웃음부터 나온다. 하지만 잘 보면 이 잠옷 한 벌로 여러 가지 편리함을 추구한다. 이외에도 모기장 옷, 사람의 크기만 한 베개 등 재미나고 별난 제품으로 가득하다. 어떻게 보면 비정상적인 것을 추구하는 회사처럼 보일 정도다. 하지만 이들은 남들이 뭐라 해도 즐겁고 안전하며 빠르게 사용할 수 있는 제품을 지속 출시한다는 모토 아래 움직이고 있다. 이러한 기업의 추구 방향과 목표 및 일의 내용을 홈페이지에 자세히 올려놓았다. 자신들이 무엇을 만드는가에 대해 명확히 의미를 부여하고 추구한다.

큰돈을 벌기 위해 스타트업을 하는가? 설사 그렇다 하더라도 그것은 두 번째 혹은 그 이하의 목표가 되어야 한다. 메이커 문화가 우리나라보다 발달해 있는 주요 선진국의 공통점은 이미 성공한 스타트업이 거대 기업으로 발전하고, 다시 이 기업이 스타트업에 대한 투자를 아끼지 않는 데 있다. 한마디로 스타트업 활성화의 선순환이다. 이런 문화가 커질 수 있는 이유도 돈이 우선이 아니라 메이커 정신 그 자체에 기쁨을 두고 있기 때문이다. 우리나라의 스타트업도 메이커 정신을 되새겨 스타트업이 스타트업을 이끄는 문화가 보편화되길 기대해본다.

하드웨어 스타트업

누구와
일할 것인가?

회사원이라면 누구나 한 번쯤 들어봤을 법한 농담이 있다. "내가 며칠 출근 안 해도 회사에 전혀 문제가 없더라"는 말이다. 일반적으로 회사는 조직이 갖추어져 있으므로 공석이 발생해도 잘 돌아가기에 그렇다. 하지만 스타트업이라면 사정이 다르다. 며칠 구성원이 자리를 비우면 티가 바로 난다. 시스템과 룰이 제대로 자리 잡히지 않았기에 한 명이 여러 가지 임무를 수행하는 경우가 대부분이다. 당연히 누구와 스타트업을 꾸려갈지는 대단히 중요하다.

하드웨어 스타트업은 일반적으로 상품을 개발해 판매하여 수익을 올린다. 이때 해당 물건 개발에 난이도 있는 기술이 필요하다면 스타트업 구성원 중에 엔지니어가 포함된다(물론 외주 용역을 통해 개발할 수도 있고, 하드웨어 스타트업을 지원하는 곳을 통해 도움을 받을 수도 있다). 따라서 하드웨어 스타트업 CEO는 엔지니어들의 습성을 잘 알고 있어야 한다. 연구원들의 습성을 제대로 이해하지 못하면 CEO가 생각하는 제품과 개발자가 생각하는 제품에 여러 차이가 발생할 수 있기 때문이다. 크게 보면 엔지니어와 일반 사무직이 다른 점은 3가지다.

첫째, 엔지니어들은 자신이 잘 알고 있는 기술이나 상황이라고 본인 판단이 내려지면 상황을 생각 이상으로 낙관적으로 여긴다. 예컨대 엔지니어의 능력 중 개발 일정을 준수하며 예상되는 문제점을 해결하는 능력은 매우 중요하다. 하지만 스타트업에는 시간이 부족하다. 따라서 과감히 약식으로 일할 때도 있고, 다른 사람과 의사소통 없이 단독으로 일 처리를 해야 할 때도 있다. 이럴 때 엔지니어 스스로 잘 알거나 문제가 없다고 여겨지는 포인트를 마주하면 주저 없이 넘어가는 경우가 생긴다. 따라서 그날 혹은 그 주에 있었던 개발 행위의 중요 행동에 대해 기록하여 확인하는 과정을 만들 필요가 있다. '제품 설계 검토'를 행한 경우 검토한 주요 내용을 기재하고 본인 판단과 특이점을 기록하게 한다. 기록을 하며 본인 스스로 간과한 문제를 다시 돌아보게 하는 효과가 있으며 혼자 진행한 내용이지만 공식화하는 효과가 있어 필요하다. (재미있는 것은 엔지니어들은 처음에만 싫어하지 이렇게 기록하는 것조차도 본인 스스로 필요한 행동이라 여기고 나면 잘한다는 점이다.)

둘째, 숫자로 이야기한다. 예를 들어보자. 며칠까지 할 것인지, 수준은 몇 % 수준으로 예상되는지 등 숫자로 이야기해야 상호 소통이 쉽다. 제품 테스트 중에 낙하 테스트가 있다. 사용 중 떨어뜨릴 경우를 대비해 안전율을 확보하기 위해 실시하는 테스트다. 엔지니어마다 적정 낙하 테스트에 대한 판단 기준이 다르다(일반 기업이라면 내부 품질 규격이 존재하기에 이런 문제가 없음). 예를 들면 동일 제품을 10세트^{Set} 낙하 테스트 후 문제점을 찾아 해결하는 개발자가 있는 반면, 1~2세트 낙하 후 문제점을 발견하여 해결하는 개발자가 있다. 따라서 진행 내용에 대해 구체적으로 숫자로 이야기 나눌 필요가 있다. 여기서 왜 10세트로 낙하했는지, 왜 1~2세트로 낙하했는지를 따지기보다 '그 정도 세트 숫자로 테스트하면 문제점을 충분히 알 수 있는가?' 등 엔지니어 스스로 숫자에 대한 답을 할 수 있게 해주면 금상첨화다. 엔지니어 스스로 자신의 행동을 더욱 챙길 수 있게 해주는 질문이다.

셋째, 비 엔지니어와 소통할 상황이 되면 말을 아끼고 결과 중심으로 이야기한다. 일일이 벌어진 문제점이나 상황에 대해 이야기하는 걸 반기지 않는다. 기술적인 기반이 없는 사람에게 상대방이 알아듣도록 설명하려면 장황하게 설명할 것이 많다. 따라서 이런 상황에서 엔지니어들은 거두절미하고 결론만 이야기하는 경우가 대부분이다. 이럴 때면 결론을 듣고 왜 그런 결론을 냈는지에 대해 물어보라. 그러면 최소한의 답변은 할 것이다. 하지만 엔지니어가 내린 결론에 고개만 끄덕인다면 그 이후부터는 해당 문제에 대해서는 더 이상 논할 내용이 없어진다. '왜'라는 질문을 적재적소에 던져서 엔지니어의 결론 도출 이유를 알아야 한다. 그래야 일이 진행되는 논리를 CEO가 공감하면서 끌고 갈 수 있다.

물론 CEO가 해당 기술에 대해 A부터 Z까지 꿰고 있다면 상황은 좀 낫다. 그렇더라도 일손이 모자란 하드웨어 스타트업에 상호 '왜'라는 질문을 나누어 오해가 없고 서로 상황을 이해하며 시간을 보내는 게 필요하다. 상황에 대한 공감이 떨어지면 스타트업 모두에게 정신적으로 큰 어려움이 올 수 있기에 그러하다.

얼마 전 총 직원이 5명인 스타트업 CEO와 만난 적이 있다. 얘기를 들어보니 그 CEO는 근래 비용 관련해서 큰 배신을 당했다. 그는 "사기꾼과 사업 파트너의 차이는 종잇장이다. 세상에 처음부터 사기꾼은 없다. 상황이 사기꾼을 만든다"고 말했다. 실제 사업을 하다 보면 제품 공급 후 돈을 못 받는 경우, 과실을 떠넘기는 경우 등 예기치 못한 피해를 입는 경우가 생긴다. 이때 자신에게 피해를 준 가해자가 왜 그런 상황에 이르렀는지 정황을 알면 상당 부분 이해가 되기도 한다. 다시 말해 악의가 없던 사람도 상황이 절박해져 궁지에 몰리면 거짓말을 하거나 위기 모면을 위해 도의에 어긋난 행동을 한다. 평상시 좋은 관계였던 사람도 상황에 따라 변할 수 있거늘 처음부터 다른 생각을 품고 있거나 의도가 다른 사람과 일 한다면 불협화음을 낼 수밖에 없다.

특히 스타트업에서 일하는 이들 중에는 자신에게 부족한 부분을 채워서 자신만의 스타트업을 꾸리려는 생각을 가진 사람도 있다. 이들은 자신이 몸담은 스타트업의 발전보다 자신의 지식과 정보를 채우는 데 급급하다. 부족한 핵심역량을 채우기 위해 스타트업의 인원을 구성하는 순간 한배를 타게 되므로 누구를 태우는가는 가장 중요한 문제다. 지식과 능력은 있지만 인성이 부족하거나 스타트업 CEO와 코드가 맞지 않는 핵심 멤버가 있다면 일을 풀어가기가 어렵다. 이에 작은 규모의 스타트업일수록 이전부터 알고 지내던 지인을 멤버로 구성하는 경우가 많다. 오랫동안 같이 일해온 사람은 그렇지 않은 경우보다 훨씬 안정감이 있다. 하지만 울타리 밖에는 훨씬 더 능력 있고 의지가 강한 사람 또한 많다. 지인들로만 스타트업을 구성하지 못했다고 해서 난감해할 필요는 없다. 실제로 상당수의 CEO는 전혀 모르는 사람들과 일을 도모하는 것이 오히려 좋다고 한다. 따라서 이 부분에 대한 판단은 편협하게만 하지 않으면 되겠다.

사람의 마음을 읽고 인간미 넘치게 다가갈 줄 아는 CEO가 이끄는 스타트업은 성공할 확률이 높다. 비록 지금 많이 힘들거나 지루한 상황 속에 있더라도 크고 넓게 볼 필요가 있다. 따뜻한 마음을 갖고 서로 돕고자 하는 의도가 있다면 그 스타트업이나 개인은 실패할지언정 다시 일어날 수 있다. 남과 내가 더불어 잘 살아가는 세상이 우리가 꿈꾸어야 하는 세상이다. 소통하고 나눌 줄 아는 스타트업을 만들어 보자.

어떻게
구현할 것인가?

하드웨어 스타트업으로서 아이템을 선정하고 나면 선정한 아이템을 어떻게 구현할지에 대한 고민에 빠지게 된다. 돈과 시간이 많다면 다양한 구조와 다양한 방법을 통해 시도해보겠지만, 하드웨어 스타트업에 없는 건 돈이고 부족한 건 시간이기에 만만치 않은 고민이다. 하드웨어 스타트업이 아이템 선정 후 '어떻게 구현할 것인가'에 대해 어려움을 겪고 있다면 접근할 수 있는 방안은 어떤 게 있을까? 여기에는 3가지 방안이 있다.

첫째, 아이템이 필요한 환경을 상상하여 구현하라. 3장에서 소개했던 넵스카프와 같은 '앉아서 잘 수 있도록 도와주는 아이템'을 선정했다고 해보자.

▶ 넵스카프를 만든 티알티엘 설립자가 브레인스토밍 중 떠올린 장면(왼쪽)과 실제 넵스카프를 착용한 모습(오른쪽). 티알티엘 홈페이지: http://trtl.co.uk/

티알티엘의 설립자인 마이클 코리건Michael Corrigan과 데이빗 켈록David Kellock은 2010년 여름 스타트업을 위한 커피숍 브레인스토밍에서 위의 왼쪽 사진과 같은 모습을 떠올린다. 차 안에서 앉은 채로 잠을 청하기 위해 목도리를 베고 자는 모습이다. 이는 실제 제품화에 모태가 된다. 목도리 형태로 넵스카프가 탄생한 배경이다. 어찌 보면 별것 아닐 수 있다고도 생각되겠다. 하지만 현재 이 제품은 아마존에 론칭되어 판매되고 있으며 이들은 영국 BBC TV 쇼에 출연하는 등 도전하는 기업가로 즐거운 시간을 보내고 있다.

넵애니웨얼Napanywhere도 목적은 동일하다. 대신 스카프 형태가 아니라 원반처럼 생긴 디바이스를 직접 구부려 자신에게 맞는 적절한 포즈를 만들어 사용한다. 제품에 끈을 연결하여 마치 가방을 비스듬히 메듯 몸에 끈을 걸쳐서 사용한다. 이 제품을 고안한 설립자는 어떤 직

하드웨어 스타트업

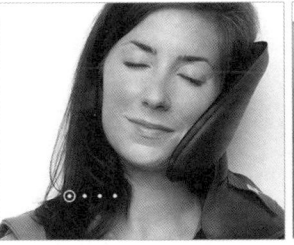

▶ 넵애니웨얼과 착용 모습. https://napanywhere.net/

업을 갖고 있었을까? 티알티엘의 설립자처럼 대학생일까? 설립자 라비 샤메이앤거Ravi Shamaienger는 의사다. 왠지 설명을 듣고 나니 환자가 착용하는 기구의 일종 같지 않은가? 용도는 같으나 설립자가 떠올린 제품 사용 상상 환경에 따라 전혀 다른 방법으로 구현되었다. 너무 어렵게 접근할 필요 없다. 떠올린 상상 그대로 접근하라.

둘째, 유사한 용도의 제품을 모방하라. 160페이지 왼쪽 사진의 초음파 커터기는 초음파를 이용해 플라스틱 등을 손쉽게 사르는 데 사용되는 디바이스다. 초음파를 이용하기에 큰 힘을 들이지 않고 잘라낼 수 있다. 오른쪽 사진은 리터치쓰리디Retouch3D라는 3D 프린팅 결과물을 다듬는 데 사용하는 도구다. 2015년 런던에서 설립된 하드웨어 스타트업으로 2015년 5월 클라우드 펀딩을 위해 이 제품을 소개했는데, 불과 48시간 만에 목표 금액을 달성했다. 이 제품은 거친 3D 프린팅 제품의 외관 면을 부드럽게 다듬는 데 사용된다. 이때 초음파 커터기와 달리 열로 녹인다. 뾰족한 팁, 둥그런 팁, 납작한 팁 등 다양한 팁

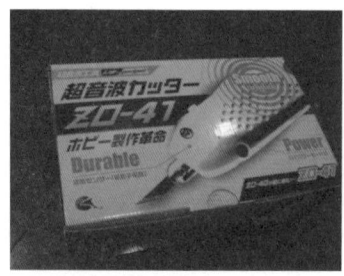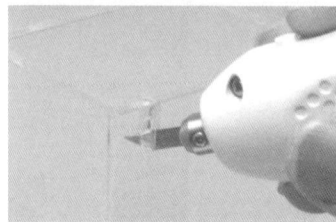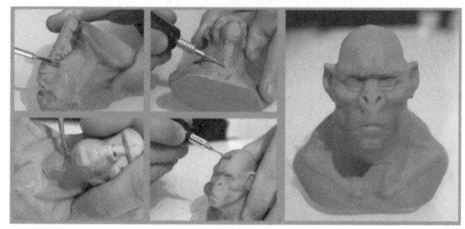

▶ 플라스틱을 초음파로 자르는 초음파 커터기(왼쪽) http://blog.naver.com/char82, 3D 프린팅 결과물을 열로 녹이며 다듬는 리터치쓰리디(오른쪽) http://retouch3d.com/

을 교체해서 사용할 수 있다. 나는 초음파 커터기를 사용한 경험이 있다. 그래서인지 리터치쓰리디의 사진을 보자마자 초음파 커터기를 떠올렸다. 초음파를 사용하는 것 말고는 팁의 교체까지 매우 유사하기 때문이다.

셋째, 이미 나와 있는 기능이나 디바이스를 합쳐라. 더블로보틱스 Double Robotics는 캘리포니아 써니베일에 자리한 하드웨어 스타트업이다. 현재 약6억 원을 투자받았다. 더블Double은 원격조정이 가능한 원거리 영상통화 기기다. 조정하는 사람의 얼굴이 더블의 화면에 나오고 원격조정하는 사람은 더블에 달린 와이드 앵글 렌즈Wide Angle Lens를 통해

하드웨어 스타트업

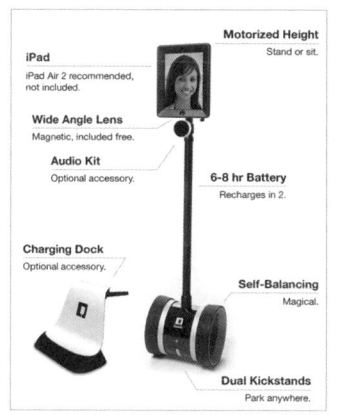

▶ 더블로보틱스의 더블. http://www.doublerobotics.com/

더블 앞에 놓인 상황을 보며 영상통화 및 조정을 한다. 예컨대 집에 있는 대학교수와 연구실 학생 간의 영상통화, 병원의 실습실에서 의사와 레지던트 간의 영상통화 등 다양하게 사용되고 있다.

그런데 더블을 가만히 보면 새롭게 만들었다기보다 기존의 디바이스를 합쳐서 구현했다는 걸 알 수 있다. 더블에 달린 화면은 아이패드다. 셀프 밸런싱 기기는 이미 오픈소스로 나와 있는 기술이다(http://members.optusnet.com.au/a4x4kiwi/scooter/). 원거리 영상통화가 가능한 원격조정 로봇을 만든다고 하면 매우 할 일이 많겠다. 하지만 더블로보틱스에서는 영상통화 기능은 아이패드의 원래 기능을 그대로 이용했고, 동작은 이미 알려진 셀프 밸런싱 오픈소스로 해결했다. 굳이 A부터 Z까지 모든 걸 만들겠다고 할 필요는 없다. 최소의 노력으로 최대의 효과를 내는 게 중요하다.

　구현 방법은 무궁무진하다. 이 또한 어떻게 아이디어를 내는가에 따라 전혀 다른 구조와 가격이 형성된다. 고정 관념을 버리고 다가갈 수 있는 가장 쉬운 방법으로 접근해보라.

회계와 투자의
중요성

나는 엔지니어로서 새로운 제품
을 연구하고 개발하는 일을 했다. 일반적으로 제조회사에서 개발 연
구원에 대한 혜택은 많다. 제조업의 핵심을 연구개발로 보기에 금전
적으로나 정신적으로나 힘을 많이 실어준다. 실제 제품이 완성되어
판매되기까지 여러 부서의 힘으로 일이 진행되나 마치 회사의 중심인
듯 생각하고 지내는 게 일반적인 연구소의 분위기다.

나는 MBA를 공부하며 엔지니어 중심의 사고가 얼마나 편협한 사
고인지 깨달았다. "회계가 중요하다", "경영 마인드가 중요하다"고 여
기저기서 떠들지만, MBA를 알기 전에는 전혀 귀에 들어오지 않았다.
회계는 문과 졸업생들의 단순한 숫자 놀음처럼 여겨졌고, 경영 마인

드는 개발 업무를 하면서 원가 계산을 통한 원가 절감, 인재 확보 노력, 조직혁신 업무 등을 지속해왔기에 충분히 잘하고 있다고 생각했기 때문이다.

하지만 기업 경영은 이익을 동반했을 때만 영속되는 것이며, 이익은 주주들에게 손익계산의 숫자로 보여줘야 한다. 이는 엔지니어들이 밤새워 제품을 만드는 것을 가능하게 만드는 토대다. 실제로 이 책에 소개된 여러 하드웨어 스타트업 가운데 개발자 출신이 아닌 CEO가 설립한 하드웨어 스타트업이 생각보다 많다.

스타트업을 하려 한다면, 그리고 하고 있다면 회계와 투자의 기본 용어와 흐름을 이해해야 한다. 내가 본 많은 사례 가운데 회계와 관련된 가장 치사하고 뻔뻔한 이야기를 해볼까 한다. 새롭게 설립된 스타트업이 있었다. 일반적인 스타트업 대비 많은 자본금(회사 설립 시 회사 정관에 자본 총액을 기재해야 한다. 자본금은 채권자를 위한 책임 재산 기능을 하기에 회사는 자본금만큼 재산을 유지해야 하며, 증자를 통해 자본금을 늘리는 건 가능하나 감자를 통해 자본금을 줄이는 것은 엄격히 규제한다)을 보유하고 시작했다. CEO는 회계에 깜깜한 엔지니어 출신이다. 회계는 이사를 맡은 공동 설립자가 맡았고 지분은 CEO가 다수 보유하며 스타트업을 시작했다. 이 CEO는 회사의 자금 흐름은 이사에게 일임하고 결과 위주로 내용을 챙겼다. 기술이 좋기에 회사는 매우 바쁘게 돌아갔다. 하지만 조금씩 운영 자금이 부족해 어느 순간 사채까지 빌려 쓰는 상황이 되었다. 결국 회사는 어음을 막지 못해 부도가 났다.

그러던 어느 날 이 회사의 소식을 듣게 되었다. 놀랍게도 회사는 회계를 담당한 이사의 소유가 되어 있었고, 기존 CEO는 신용불량자가 되었다고 했다. 자초지종을 알고 나니 입이 다물어지지 않았다. 이사라는 사람은 기존 CEO가 돈이 많은 것을 알고, 회사 설립을 부추겼다. 기존 CEO에게 당신의 기술 경영이 뛰어나니 CEO를 하시고, 본인은 돈의 입출금이나 확인하고 발로 뛰는 영업을 하겠다고 했단다. 그래서 회사가 설립되었던 것이다. 회계는 몰라도 된다고 생각한 CEO를 등에 업고 이사라는 사람은 교묘히 부도가 나도록 자금 흐름을 경색시켰다. 부도가 나자 이사는 빼돌린 자금으로 자신의 친척을 내세워 경매에 참여한다. 회사를 낙찰받고 이사는 새로운 CEO로 등극했다.

회계는 경리사무를 보는 여직원이나 하는 업무가 아니다. 적정 원가와 적정 가격을 따지고 재고를 감안한 자금 흐름을 제대로 꿰뚫고 있어야 여러 변수 속에 회사를 운영할 수 있다. 금액이 적을 때부터 익혀서 회계 전반의 내용을 인지해야 한다. 중요한 결정을 내릴 때 판단의 기준도 이익률의 관점이 높기에 그러하다. 또한 스타트업이 투자를 받을 때도 CEO의 회계 마인드는 중요하다. 하드웨어 스타트업의 우수한 제품을 보고 투자자가 투자를 마음먹었다 해도 CEO와의 미팅 시 회사의 재무제표를 설명하지 못하는 수준일 때 투자자는 투자를

심히 망설인다. 이유는 간단하다. 조금 과장해서 말하면 위의 황당한 사례 같은 일이 본인에게 벌어져도 눈 뜨고 당할 사람이기 때문이다.

투자는 자본에 대한 투자와 부채 관련된 투자로 나뉘나 스타트업은 자본에 대한 투자, 즉 주식에 대한 투자가 여기에 해당된다. 일반적으로 스타트업은 영리법인을 말한다. 회사 이름으로 영리를 취하며, 회사는 회사 그 자체로 권리와 의무의 주체가 된다. 이는 CEO가 모든 책임을 지는 개인 회사와는 다른 개념이다. 또한 2인 이상으로 주주가 구성되는 단체를 말한다. 하지만 2002년에 법이 개정되어 현재는 1인으로 이루어진 주식회사도 설립할 수 있다. 주식회사는 주주총회가 필수나 1인 기업의 경우 문제 삼지 않는다. 다만 1인 주식회사라도 주주총회 의사록은 작성해야 한다. 조직 변경, 정관 개정, 자본금 감소 등의 주주총회 필수 진행 사유 발생 시 작성하면 된다.

투자의 절차는 대개 스타트업이 자금이 필요한 것으로부터 출발한다. 본인들이 필요한 금액에 투자자가 OK 하면 그때부터 투자가 시작된다. 하지만 이때 주의할 점은 지분 관계와 투자 계약 그 자체다. 거의 모든 스타트업의 투자는 지분 관계가 관련된 계약서를 작성하기에 계약서 합의 시 주의해야 한다. 계약서에 합의한 후는 절대로 지분 관계를 되돌릴 수 없기에 그러하며, 지분 때문에 적대적 인수합병이 발생하기에 그렇다. 따라서 계약서의 내용에 대한 확신이 없다면 법무법인 등 변호사에게 계약 검토를 일임하는 것도 필요하다.

스타트업 관련 자료나 책에는 투자에 관련된 내용이 책 내용의 절반이 넘는 경우가 많다. 그만큼 스타트업에 중요하다. 하지만 이 책에서는 회계와 투자 관련 내용은 최소화했다. 이미 많은 책에서 자세히 소개하고 있기 때문이다. 그렇지만 다른 책이나 자료 또는 스타트업을 지원하기 위한 강의 등을 통해 투자와 회계 관련 내용은 꼭 인지하기 바란다. 대신 이 책은 하드웨어 스타트업이 왜 중요한지, 그리고 어떤 아이템으로 어떤 프로세스로 도모해야 하는지에 집중했다. 책의 집필 방향에 대해 여기까지 읽은 독자라면 충분히 이해할 것으로 짐작한다.

스타트업,
지속 가능 경영전략 1

　　스타트업을 몇 년간 유지하며 나름
대로 어려운 위기를 잘 돌파하고 있지만 상황에 큰 변화가 없다면 이
즈음에서 전력을 재정비할 필요가 있다. 지금껏 버텨온 핵심역량은
유지한다. 대신 새로운 변화에 대해 따져보는 시간을 모색해야 한다.
이유는 간단하다. 내가 벌여놓은 일에 한없이 몰입하고 있는 동안 다
른 분야에서 새로운 기술이 나오고 새로운 트렌드가 내 분야에 영향
을 미치고 있을 수 있기 때문이다. 먼저 자신의 스타트업 상황에 대한
객관적인 진단이 필요하다. 사실 대부분의 스타트업이 하루도 빠짐없
이 매출 증대와 수익 극대화 고민에 놓여 있기에서 뭘 더 진단할 게 있
느냐고 말할 수 있다.

하지만 사람에게 한 번 생긴 습관을 바꾸기 어렵듯 회사 경영에서도 한 번 세운 방향성은 바꾸기 쉽지 않다. 그래서 스타트업 지속 경영을 위한 객관적인 진단은 어렵다. 바꿔야 할 부분은 이것저것 이유가 있고, 지난날의 성공 경험은 향후 중요 결정 시 정답의 잣대로 사용되기 때문이다. 이전의 방향성으로 계속 흘러가려는 관성을 멈추고 상황을 점검할 수 있는 능력은 이 시절 가장 중요하다.

스타트업을 진단했지만 문제점이 도출되지 않는다면 시간 낭비다. 물론 요즘같이 변화무쌍한 상황에서는 스타트업 구성원조차도 무엇이 문제인지 알지 못하는 경우가 많다. 이에 환경 진단을 포함하여 다각도로 접근해야 한다. 이러한 사항들을 반영하여 진단하는 방법에는 3가지가 있다 지속 가능 경영을 위한 스타트업 진단 방법의 첫 번째는 해당 스타트업 구성원들의 있는 그대로의 목소리 듣기다. 이것은 일대일 인터뷰로도 가능하고, 무기명 전단 배포 후 의견 수렴의 방법 등으로도 가능하다. 어떤 방법으로든 소통을 평상시와 다른 방법으로 시도하면 된다. 특히 더욱더 진실한 의견을 수렴하려면 설문 항목과 설문 방법도 스타트업 내 적정 인원에게 아예 일임하라. 진단을 자유롭게 시도하라. 대신 우리 상태에 대한 각자의 생각이 담기고 미래를 위해 무엇을 준비해야 할지에 대해 고민할 수 있는 항목이 들어가면 된다.

두 번째 지속 가능 경영을 위한 조직 진단 방법은 스타트업 핵심 과업의 수준을 외부 경쟁사 수준과 비교하기다. 이것을 다시 세분하면 현물 중심의 수준 비교와 정보 중심의 수준 비교로 나눌 수 있다. 먼저 현물 중심의 수준 비교를 예를 들어 설명하자면, 휴대폰 액세서리 개발이 핵심 업인 하드웨어 스타트업이라면 지금 막 출시된 타사 핸드폰 액세서리를 주기적으로 비교 분석한다. 분석은 스타트업 스스로 한다. '자사에서 아예 구현할 수 없는 기술', 자사에서도 구현은 가능하나 '우리보다 시간을 투자해 노력으로 가꾼 기술', '우리보다 타사가 뒤떨어지는 (덜 고민하고 덜 노력한) 기술' 등으로 군群을 나누어 비교 구분한다. 해당 내용을 검토한 사람은 나머지 구성원과 모여서 토론한다. 그리고 향후 액션 아이템을 도출한다. 단 이미 제품이 나와 있거나 앞서 소개된 내용이기에 실제 경쟁사가 준비한 시간은 최소 6개월 정도 과거에 일어난 행위다. 따라서 지금 막 분석한 결과 중에 도저히 예측하지 못했거나 본인의 스타트업 수준보다 획기적으로 앞선 내용이 발견된다면 이런 제품을 기획하지 못한 사유에 대해 생각해봐야 한다. 현물 중심의 수준을 비교하여 그것으로부터 유추된 경쟁사의 차별적 제품과 서비스를 만들어낸 배경을 유추하는 것이 중요하다. 어떤 이유로 경쟁사는 그런 제품과 서비스를 생각해냈을까? 이런 질문이 이어지고 우리에게 내재되어 있는 변화 마인드를 다시 일으킬 수 있는 힘을 얻어야 한다.

다음은 정보 중심의 수준 비교다. 이것은 경쟁사의 유사 업무를 수

행하는 조직과 자신의 조직에 대해 좀 더 실시간적으로 비교 진단한다. 우리의 업이 경쟁사 대비 어느 수준인지 인터넷, 각종 세미나 등의 외부에 노출된 모든 정보에 기반한 비교다. 아직 현물이나 해당 서비스가 고객인 일반 대중에게 직접 오픈되지 않은 정보를 모으고 분석하는 작업이다. 인력과 시간이 많이 들어간다고 생각할 수도 있다. 하지만 우리와 연관이 있는 정보를 얻는 것을 생활화하고 이를 주기적으로 정리하는 수준으로 보면 된다. 정보를 모으기 위한 별도의 사람은 필요 없다. 현업을 하면서 정보를 모아야 한다. 정보를 모으는 자체에 큰 의미를 부여하면 안 된다. 이들 정보로부터 우리 스타트업이 지금 개발하고 있는 제품과 우리의 업무 시스템에 대해 고민해본다. 특히 앞서 언급한 '현물 중심의 수준 비교' 대비 이제 막 피어오르는 내용이기에 더욱 민감히 반응해야 한다. 우리가 개발하고 있는 제품 개발 방향을 지속적으로 가늠하는 작업이다. 중소기업일수록 이러한 작업을 소홀히 하면 안 된다. 한발 잘못 디디면 벼랑 끝으로 몰리기 때문이다.

주변의 변화를 살피되 효율적·효과적으로 살펴야 한다. 스타트업 내에 주변을 살피는 사람이 많고 적음의 문제가 아니다. 이슈 중심으로만 스타트업을 이끌면 안 된다. 그 당시에는 관심 밖의 이슈가 시간이 지나면 이슈가 되는 것이 일반적이다. 따라서 주변을 살피되 이슈 중심이 아닌 업계 전반에 대해 살펴야 한다. 지속적으로 시도하면 그 방법도 점차 발전한다. 환경을 살피는 방법이 진보한다.

스타트업을 지속해서 유지시킬 수 있는 세 번째 진단 방법은 고객의 목소리VOC 로부터의 진단이다. 지금 당신이 속한 스타트업은 고객의 목소리를 어떻게 듣는가? 상품 기획을 위한 고객 니즈needs 혹은 원츠wants를 찾기 위한 활동을 하고 있는가? 고객 불만을 모으는 작업을 하고 있는가? 수준은 다르지만 어떤 형태로든 이미 VOC를 조사하고 있을 것이다. 하지만 대부분의 스타트업은 내부적으로 진행하는 과업에 온통 빠져 있을 확률이 높다. 더불어 투자자가 있는 경우, 투자자에게 보여주기 위한 행동도 있겠다. 내부적으로 존재 이유를 만들어내는 조직은 점점 더 고객과 멀어진다. 샤오미가 본사 건물 1층에 300명이 넘는 VOC 청취를 위한 직원을 움직이고 있는 이유는 고객의 목소리를 조금 더 정확히 듣고자 함이다. 우리나라 대부분의 회사가 아웃소싱으로 이런 조직을 움직이고 있는 것에 반해 샤오미는 이렇게 고객을 샤오미의 팬으로 만드느라 여념이 없다. 스타트업도 B2B가 되었든, B2C가 되었든 고객과 친밀감을 확보해야한다.

위에 언급한 3가지 모두 반드시 필요하고 주기적으로 진행해야 한다. 하지만 이마저도 지금의 변화 가득한 세상에서는 진부하게 느껴진다. 이러한 내용을 통틀어 스타트업을 혁신 조직으로 지속 유지시키는 방법을 한마디로 정의한다면 '스타트업 본인들의 행동을 주기적으로 돌아보고 스스로 변신을 꾀할 수 있는 분위기 만들기'이다. 어디

하드웨어 스타트업

도 쉬운 형국은 없다. 힘든 과정에서도 작은 변화의 노력은 반드시 필
요하다.

스타트업,
지속 가능 경영전략 2

　　　　　　　　　　　　나는 다년간 300개가 넘는 기업과
3D 설계 관련 일을 해왔다. 여러 가지 평가 방법을 통해 가치 있는 기
술을 선별 채택하여 제품화했다. 또한 3D 프린팅 업계의 흐름을 글로
벌과 국내 상황에 따라 세세히 확인했다. 3D 한 분야에 다년간 있다
보니 기업들의 시작뿐 아니라 끝도 지켜보게 된다. 시작은 조촐했지
만 순식간에 스타덤에 오른 스타트업부터 누가 봐도 저무는 사업 분
야에서 불굴의 의지로 수요를 찾아 명맥을 이어가는 기업, 또 승승장
구하던 회사를 아버지로부터 물려받아 순식간에 망가진 기업까지….

　문을 닫은 스타트업 CEO들이 돌이켜 하는 말 중 자주 하는 말이
있다. "정신없이 잘 돌아갈 때가 가장 위험하다. 현재 수익이 나는 부

분 외에 그다음 혹은 그다음 다음을 준비하고 있었어야 했다. 그 당시 그럴 여력은 분명 있었는데… 지나고 보니 매우 아쉽다"이다.

충분히 공감 가는 말이건만, 실제 스타트업을 운영하는 당사자가 되면 행하기가 결코 쉽지 않다. 왜일까? 다음과 같은 3가지 큰 이유 때문이다. 첫 번째는 수익이 오르는 이유를 그간의 노력이 차곡차곡 쌓인 결과라고 생각하기 때문이다. 매출 증가는 노력의 결실로 얻은 성과이기에 어느 정도는 지속될 거라 기대하는 게 인지상정이다. 물론 과거의 노력 없이 현재의 성과는 있을 수 없다. 현재 수익이 늘고 있다면 당연히 과거에 올바른 노력을 했기 때문이다. 하지만 앞서 언급한 바와 같이 현재는 변화가 심한 사회다. 차곡차곡 쌓인 매출이라 할지라도 하루아침에 사라질 수 있다. 현재의 수익은 엄밀히 말하면 '과거의 결과물'이다.

요즘 SPA로 일컫는 패션 브랜드들이 인기다(SPA는 Specialty store retailer of Private label Apparel Brand의 약자로, 자가상표부착제 유통 방식을 말한다. 유니클로, H&M, 자라, 에잇세컨즈 등이 대표적인 SPA 브랜드다). 옷의 기획부터 생산, 판매에 이르는 전 과정을 해당 브랜드 내에서 관리한다. 이는 단순히 옷 제작 절차를 시스템화했다는 것을 넘어 소비자의 선호도를 실시간으로 따라잡기 위해 기획부터 제조까지의 시간을 최소화했다는 데 의의가 있다. 그래서 이들 브랜드를 패스트 패션 fast fashion이라 부른다. 일반 패션업계처럼 트렌드를 파악하고 이를 토대로 수요를 예측하여 제품을 만드는 것이 아니다. 고객들의 변화하는 구매 패턴에 실시간으로 바로바로 대응한다. '성공은 하루 만에 잊어라'라는, 야나이 다다시 유니클로 회장의 저서 제목만 봐도 그러하다. 유니클로를 세계 1등 SPA 브랜드로 만들겠다는 비전과 딱 어울리는 타이틀이다. 1등이 되기 위함이지만, 결국 넘쳐나는 패션 업계에서 살아남기 위한 전략인 것이다. 과거의 매출은 미래의 매출과 상관없고, 부지런히 고객의 욕구를 맞출 때 살아남는다. 비단 패션에만 해당할까? 스타트업에도 여러 시사점을 준다. 스타트업을 영속하고 싶다면 어제의 고객이 내일까지 이어진다는 생각은 버려야 한다.

두 번째는 모든 국면에서 가장 이로운 선택을 하겠다는 생각이다. 사업을 영위하는 사람 입장에서 보면 이치에 맞는 말이므로 이 생각이 왜 스타트업의 미래 매출 확보 활동에 걸림돌이 될지 궁금할 것이다. 스타트업을 시작하면 부족한 게 한두 가지가 아니다. 제대로 된 시스템도 없고, 인력도 부족하고, 자금의 여유도 없다. 따라서 가장 효율적인 일 처리를 추구한다. 그러다 보면 업무에 우선순위 매기듯 고객 응대 수준에도 순서가 생긴다. 매출에 영향이 큰 핵심 고객과 이제 거래를 시작한 새내기 고객 사이에 은연중 차별이 발생한다. 또한 주변 지인들을 대하는 태도도 본인에게 이로운 방향으로만 행하는 경우도 늘어난다. 시간과 돈이 부족하다는 강박관념은 당장 도움이 되지 않을 사람은 멀리하게 만들고, 도움을 받을 수 있거나 스타트업에 조금이라도 이득을 줄 수 있는 사람과는 가까이 다가가게 만든다.

한 발자국 물러나서 상황을 바라보자. 본인의 이익에만 눈이 뻘겋게 달아올라 있는 사람에게 고객이 꾸준히 모일 수 있을까? 사업은 관계의 형성이다. 자신에게 별 도움이 되지 않을 것 같은 만남, 더 적나라하게 말하면 나 자신이 좀 손해 보는 일, 남한테 베푸는 행위 등이 있어야 기존 고객을 넘어서 새로운 수익처를 만날 수 있다. 자신에게 도움을 요청하는 사람이 있다면 큰 손해를 입지 않는 한 가급적 베풀어야 한다. 진심 어린 도움을 받은 사람은 나중에 자신이 어려울 때 손을 내밀어줄 확률이 높으며, 자신이 생각하지 못한 상황에서 자신에게 도움을 주는 경우도 발생한다(이런 사례를 정말 너무 많이 목격했다). 즉 내가 먼저 주어야 한다. 오늘 자신이 잠재 고객을 위해 또는 주변을 위해 베푼 게 뭔지 생각해보라. 꼭 비용이 들지 않아도 베풂은 가능하다. 간단한 안부 문자도 좋고 메일도 좋다. 하루에 20~30분 할애하라.

필자에게 문의나 조언을 요청하는 분들이 많다. 솔직히 일면식 없는 사람들과 의사소통하는 건 상당히 조심스럽다. 필자의 의견 한마디에 자신의 직장을 걸기도 하며, 더러는 투자하기 때문에 신경이 이만저만 쓰이는 게 아니다. 하지만 나는 나름으로 최대한 성의 있게 답변하려 한다. 오히려 정신적인 힘도 얻고, 조금이나마 도움을 건넸을 때 뿌듯한 마음도 얻는다. 실제 컨설팅으로 이어지는 경우도 있다. 물론 컨설팅을 염두에 두고 도움을 주는 경우는 없다. 진심으로 대할 때 상대방도 마음을 연다. 지금까지 접하지 못한 기회는 관계가 왕성한 고객이 아닌, 데면데면한 지인이나 일면식 없는 고객들을 통해 불현 듯 찾아온다.

세 번째는 이른바 '개업 효과'에 대한 착각이다. 창업 후 1~2년 동안은 스타트업이 유지될 확률이 높다. 이 기간의 생존은 비즈니스 모델이 훌륭해서, 또는 스타트업 구성원들이 노력을 많이 해서가 아니라 상당 부분은 개업 효과 덕분이다. 스타트업들은 대부분 이전에 경험하지 못한 가치를 고객에게 전달하는 걸 목표로 삼는다. 스마트폰 앱이든, 특정 물건이든 남과 다른 걸 시장에 내놓아 고객의 채택을 바란다.

얼리어답터(신제품을 빨리 구매하여 사용해야 직성이 풀리는 사람들의 통칭) 성향의 고객들은 그런 서비스와 물건에 흥미를 느껴 구매하곤 한다. 성패는 이때 갈린다. 얼리어답터가 꾸준히 유입된다고 해서 사업이 번창할 것이라 착각해서는 안 된다. 3D 프린팅이 해외에서 붐을 일으키고 있을 때, 스타벅스가 미국에서 인기를 구가하고 있을 때 우리나라에서는 아무 일 없이 잠잠했다. 지금은 골목까지 점령한 편의점도 이와 마찬가지다. 편의점이 국내에 등장한 초창기에는 골목 구멍가게보다 비싼 가격에 고전을 면치 못했다. 하지만 현재는 3D 프린팅, 스타벅스, 편의점 모두 보편화의 길로 접어들었다. 이렇듯 얼리어답터의 구매에서 일반 대중의 구매로 이어지는 데는 시간이 필요하다. 스타트업의 시작은 얼리어답터부터다. 얼리어답터의 지속적인 유입을 성공으로 착각한다면 큰 낭패를 볼 수 있다.

2014년 6월, 레노버가 모토로라를 인수했다. 그리고 2015년 6월 레노버가 자체 행사로 글로벌 컨퍼런스인 '레노버 테크월드 2015'를 개최했다. 이 자리에 마이크로소프트와 인텔 CEO를 초청해 강연 연사로 서게 했다. 더불어 쉔키ShenQi라는 별도 법인을 만들어 인터넷 기반의 다양한 기기를 만들겠다고 선언했다. 사실 레노버가 중국의 저가 휴대폰 제조사라는 인식을 벗어던진 건 2005년 IBM의 PC 부분을 인수하고부터다. 다시 2014년 모토로라를 인수하더니만, 2015년 아예 다양한 사물인터넷 제품을 만들겠다고 선언한 것이다. 총 2만 3000명이 넘는 직원을 보유한 레노버도 이렇게 늘 새로운 기기에 도전한다. 무엇이 성공할 아이템일지 알 수 없기 때문이다. 거대 중국 기업도 새로운 기기 제작에 도전하는 시작은 작은 스타트업과 유사하다. 성공을 장담할 수 없다. 이럴진대 하물며 작은 스타트업을 운영하는 사람의 마인드는 어떠해야 할까? 얼리어답터를 넘어 대중화의 길로 들지 못했다면 섣불리 성공을 말해서는 안 된다. 스타트업 몇 년의 유지에 도취되어 있다면 시간이 지남을 두려워해야 한다. 대중성을 키울 수 있는 방안을 모색해야 한다.

과거에는 신규 거래처를 발굴하려는 직접적인 노력이 성과로 이어졌다. 명절 때 선물을 보내고 귀찮도록 방문하는 등 땀과 노력이 결과와 거의 일치했다. 하지만 지금은 어떤가? SNS에 올린 글 하나로 순식간에 고객이 늘기도 하고, 반대로 불매 운동이 벌어지기도 한다. 벤처 신화가 주변에서 하나둘 사라진다. 고지가 확실한 곳을 점령하는 싸움에서 대기업과는 싸워 이길 수 없다. 스타트업은 스타트업으로서 가능한 싸움을 해야 한다. 지금 고요하고 예측 가능한 창업 몇 개월 혹은 창업 몇 년을 보내고 있다면 불확실함을 즐기고 불확실한 곳에 뛰어들어야 한다. 현재의 고객은 없다고 가정하자. 내일의 고객을 만드는 절실한 노력을 실행해야 한다. 빅데이터 분석과는 비교도 되지 않는 수치로 스타트업 유지 확률을 훨씬 높일 수 있을 것이다. 부디, 성공은 하루 만에 잊어라.

05
하드웨어 스타트업으로
성공하기

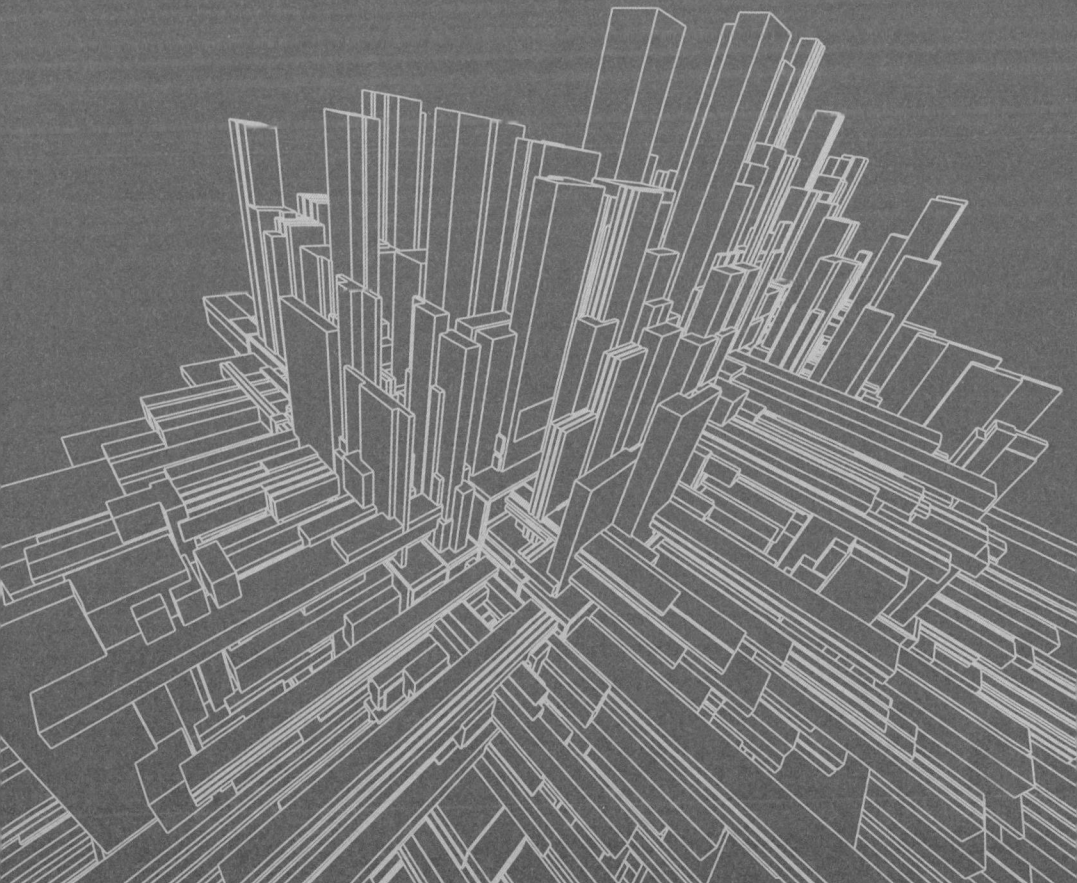

하드웨어 스타트업
CEO 조건 1

세상에는 많은 기업이 존재한다. 모두가 이익을 꿈꾸며 노력한다. 나름대로 전략을 수립하여 다양한 노력을 실행에 옮기지만 기업 간의 성과 차이는 발생한다. 모두가 똑같이 최선을 다해 노력하건만 성과 차이가 발생하는 이유는 무엇일까? 근본 원인은 '보유 자원의 활용'의 차이다. 인적·물적 자원을 어느 곳에 선택 혹은 집중하는가에 따라 다른 성과가 나온다.

스타트업은 어떠한가? 스타트업의 성공 여부는 더더욱 그러하다. 비용과 시간 투자에 대한 제약이 많으니 더욱 명확한 선택과 집중이 필요하다. 조직이 제대로 꾸며져 있지 않기에 대부분의 스타트업 구성원은 한 사람이 여러 역할을 해내야 한다. 어디에 얼마나 집중해야 하는지도 명확하지 않다. 심지어 일이 진행되는 과정에서 스타트업의 최종 목표가 바뀌기도 한다. 스타트업 CEO의 역할은 길 잃은 숲 속에서 나무밖에 보이지 않는 저 너머에 출구가 있을 거라는 확신을 갖고 구성원을 움직이게 하는 것이다. 더불어 하드웨어 스타트업의 CEO가 반드시 알아야 할 부분이 있다. 하드웨어 스타트업 CEO는 다음의 4가지가 있어야 보유 자원 활용을 극대화할 수 있다. CEO인 자신에게 부족한 부분이 있다면 이에 대해 진지하게 고민해야 한다.

첫째, 비용 집행에 대한 확고한 신념이 있어야 한다. 신념이라고 하니 거창하게 보인다. 사례를 들어보자. 흔히 창업한다고 하면 사무실(책상이 놓인 공간)부터 확보해야 한다고 생각한다. 일에 몰입할 수 있는 장소가 있어야 일 진행에 문제가 없고, 만나게 되는 업무상 파트너들과 차라도 한잔하고, 자신의 스타트업의 존재감을 보이기 위해서는 그런 장소가 필요한 게 맞다. 또한 창업보육센터를 통하면 생각보다 저렴하게 장소 확보가 가능하다. 따라서 손익계산에 앞서 사무실을 마련하고 그 사무실을 바탕으로 사람을 모아 일을 도모하는 게 어찌 보면 인지상정이다. 하지만 이런 생각이 우선적으로 든다면, 스타트업 CEO의 자세 중 가장 중요한 '비용 집행에 대한 신념'이 조금은 부족하다고 할 수 있다. 필자는 (기술, 돈, 사람 등) 정말 아무것도 없이 시작한 스타트업 CEO를 몇몇 알고 있다. 이 CEO들은 매 순간순간 비용 집행에 대한 저울질로 바쁘다. 무조건 돈을 덜 쓰려는 자세는 아니다.

쓰긴 쓰되 제대로 쓴다. 반드시 필요한 돈이라면 목돈도 아끼지 않는다. 이러한 자세는 사업이 진행되는 내내 이뤄지기에 거의 습성에 가깝다.

얼마 전 개인파산을 하여 개인회생 절차를 밟고 있는 한 지인을 만났다. 하드웨어 스타트업을 수년간 해왔고 고급 승용차를 몰고 다니기에 사업이 잘되고 있는 줄 알았는데 매우 힘든 상황이라는 말을 듣고 많이 놀랐다. 그는 이렇게 얘기했다.

"초반 몇 년은 사업이 잘됐다. 고비가 한 번 오더니만 그달의 수익보다 다음 달에 들어가는 돈이 더 커지는 상황이 됐다. '이번 한 달만 더', '이번 한 달만 더' 하면서 점점 더 큰돈을 빌리게 됐는데, 안타깝게도 상황은 전혀 나아지지 않았다. 돈을 더는 못 구하는 상황이 되면서 사업은 자연스레 멈췄다. 현재 매달 100만 원씩 수년간 갚는 조건으로 개인회생을 진행하고 있다."

이 지인의 창업 프로세스는 일반 스타트업들이 폐업으로 가는 수순과 거의 같았다. 고심한 끝에 생각해낸 자신의 아이디어를 갖고 창업보육센터에 들어갔고, 마음이 맞는 친구와 동업을 했다. 돈을 아끼기 위해 별도의 직원은 두지 않았고, 둘이서 열심히 마케팅하여 투자자를 만나 사업을 지속했다. 그렇게 몇 년을 지냈다. 매출은 지속해서 나오고 있었다. 수익이 없는 상황이 아니었기에 언젠가 더 큰 투자자를 만나거나, 세상이 자신들을 알아줄 날이 올 거라는 막연한 기대감이 있었다. 하지만 들어가는 비용도 만만치 않아 개선의 조짐은 보이지 않았다. 보육센터를 옮겨가며 지출을 최소한으로 줄이려 노력했다. 그렇게 시간이 흐르며 투자자도 하나둘 사라졌다. 지출을 줄이는 것으로는 더 이상 비용을 감당할 수 없어 결국 불어난 빚을 못 견디는 상황에 이르렀다.

이와는 반대로 아무것도 가진 것 없이 시작했지만 현재까지 사업을 잘 지탱하고 있는 또 다른 CEO의 창업 상황은 위의 경우와 사뭇 다르다. 일단 그는 사무실 공간에 크게 연연하지 않았다. 미팅이야 커피숍에서 하면 됐다. 움직이는 공간과 자신이 머무르는 장소가 그에게는 곧 사무실이다. 또한 자신이 창업 아이디어를 낸 게 아니라 창업 보육센터를 열심히 드나들며 가치를 찾으려 했다. 찾아낸 가치에 대해 그 분야의 전문가를 수소문해서 만나 조언을 구했다. 처음 보는 사람이라도 필요하다면 기꺼이 달려가서 만난다. 이렇게 발견된 기회를 지인을 통해 현실화한다. 자신에게 실현 능력이 없이 시작했지만 시간이 흐르면서 업을 정확히 파악한다. 기회를 자기 혼자 갖지 않고 뜻을 함께한 사람들과 지속 나눈다. 돈을 써야 할 때는 아낌없이 쓴다. 자신의 능력으로 감당할 수 없는 최신 정보 등은 협회 가입을 통해 습득하고, 관련 투자도 지속 추진한다. 그는 현재 지속적인 수입이 있고 번듯한 사무실도 마련했다. 핵심은 불필요한 비용 지출(당연하다는 통념은 없다)을 최소화하면서 기회를 찾는 데에는 비용을 투자하며 벌어들인 수익을 나누는 것이다.

설립 초반 스타트업의 핵심 과제는 다름 아닌 '생존'이다. 비용을 집행할 때마다 집행 효과에 대해 눈에 불을 켜고 지켜봐야 한다. 잔소리 같지만 다시 한 번 강조하는데, 사무실을 얻지 말거나 창업보육센터에 들어가지 말라는 의미가 아니다. 비용이 드는 일에 대해서는 투자 대비 가치를 엄숙히 따지는 게 습관으로 몸에 박혀야 한다는 뜻이다 (비용 관점으로 본다면 당연히 인원 충원도 포함된다).

둘째, 자신이 하고자 하는 제품의 기술에 대해 알아야 한다. 물론 기술에 대한 깊이감이 개발자 수준으로 높아야 한다는 뜻은 아니다. 예를 들어보자. 지인 중에 스마트폰 주변기기 유통업에 잔뼈가 굵은 CEO가 있다. 오프라인 매장이 몇 개나 있고 온라인 스토어도 회원이 꽤 많은 작지 않은 회사를 운영한다. 어느 날 미팅을 했으면 좋겠다는 연락을 받고 그 이후 수차례 컨설팅이 지속되고 있다. 옆에서 보면 나름대로 입지를 만든 것으로 보인다. 하지만 이 CEO는 유통업에서 대기업의 영향력이 날로 커지는 상황과 쿠팡, 티몬, 위메프 등 소셜커머스가 범람하는 상황에서 위기의식을 느끼고 있는 것 같았다. 직접 제품 개발을 시도한다. 여기서 필자가 언급하고 싶은 부분은 유통업 CEO의 새로운 도전에 대해서가 아니다. 이 CEO의 자세다.

나와 미팅하면서, 그리고 여러 외부 엔지니어들과 미팅하면서 알게 된 기술적인 내용을 꼼꼼히 기록하고 이해하려 한다. 제품에 대해 논의할 때 사용하는 용어를 하나하나 이해하려 노력한다. 사실 엔지니어들의 특성 중 기술적인 내용을 쉽게 이해시켜 달라고 하면 열심히 설명하는 사람이 대부분이다. 어려운 기술에 대해 전문가에게 맡기고 알아서 잘해주기를 기대하는 게 아니다. 엔지니어들의 의견을 경청해서 중요 기술 트렌드를 나름대로 설명할 수준으로 이해한다. 또한 다수의 사람에게 문의하여 정보를 취합하고 나름의 확고한 의견을 갖고 있다.

필자가 봐도 대단하다. CEO가 해당 제품의 개발을 꿈꾸고 알아보기 시작한 이래로 불과 두 달여 만에 다수의 엔지니어와 디자인 회사를 만났고, CEO 스스로 제품의 방향성에 대한 확신도 세웠다. 유통업에서 자리를 잘 잡은 이유도 이처럼 업의 맥락과 기술을 충분히 자신의 것으로 만들려는 노력이 있었기 때문으로 보인다. 모든 정황으로 보았을 때 이 CEO의 제품 개발 성공은 얼마 남지 않았다. 한 걸음 한 걸음 성공에 다가서고 있다. 하드웨어 스타트업 CEO라면 이런 노력이 반드시 필요하다. 혹시 기술적인 이야기가 나오면 알아서 잘해 달라고 둘러대고 있는 당신이라면, 자신이 시도하는 분야의 기술에 대해 메모하고 알아보려 노력하라. 하드웨어 스타트업 CEO에게 필요조건이 아닌 필수조건이다. 지금보다 성공 확률이 높아진다.

셋째, 기회를 발굴하는 능력이 있어야 한다. 물론 스타트업 CEO는 영업, 마케팅을 비롯해 개발자와의 소통 등 다방면에 걸쳐 멀티플레이어가 돼야 한다. 하지만 스타트업 CEO로서 가장 중요한 역할은 기회 발굴이다. 매출 확보가 가능한 다양한 기회의 발굴은 스타트업 초반 죽음의 계곡을 무사히 지날 수 있게 해주기에 그렇다. 기회를 발굴하는 능력은 넓은 대인관계로부터 나오는 경우가 많다. 당연하겠지만, 넓은 인적 네트워크를 가진 사람은 그렇지 못한 사람보다 몇 배나 정밀하고 확실한 정보를 습득할 수 있다.

경쟁사의 동향과 같은 가치 있는 정보는 인터넷을 뒤져서 얻기가 쉽지 않다. 인터넷에 돌아다니는 정보는 관련 사람들 대부분이 이미 알고 있는 정보다. 자신이 특별히 인맥을 형성할 능력이 없다거나 소극적인 성격이지만 스타트업을 시도하려 한다면 우선 그 분야의 사람들을 의도적으로, 적극적으로, 진취적으로, 공격적으로 만나야 한다. 요즘 온오프믹스 등 모임을 공지해주는 인터넷 사이트를 방문하면 다양한 스타트업 관련 모임을 만날 수 있다. 참여하고 나눌 때 자신이 더 큰 인사이트를 얻을 수 있음은 명백하다.

넷째, 성공 목표 달성을 위해 목표 자체도 바꿀 수 있는 추진력이 있어야 한다. 스타트업의 하루하루는 정해진 대로 흐르지 않는다. 스타트업 구성원들은 자신들이 수립한 계획에 따라 바쁘게 하루를 보낸다(물론 투자자와 연계된 경우는 다를 수 있다. 이 경우에도 스타트업에 득이 된다 판단하면 투자자를 설득하는 게 당연하겠다). 하지만 개발에 착수한 후 시간이 지날수록 초기에 세운 목표 달성에 매달리는 경우가 있다.

시간과 비용의 부족으로 마음에 여유가 없기 때문이다. 바로 매몰 비용의 오류sunk cost fallacy, 즉 이미 투입한 노력이나 비용이 아까워 불리한 집착임에도 계속 진행하는 전형적인 모습을 보인다. 하드웨어 스타트업이면 가장 조심해야 할 부분이다. 따라서 제품 개발에 투자된 돈이 누적될수록 일방통행으로 흐르기 쉽다. 하지만 중요한 점은 이제까지 들어간 돈이 아니라 출시할 제품의 성공이다. 따라서 현명한 판단이 필요하다.

하드웨어 스타트업이 이럴 때 활용하기 좋은 방법이 앞서 여러 번 언급된 크라우드 펀딩이다. 어느 정도 개발 방향이 잡혀서 진행되고 있다면 가급적 크라우드 펀딩을 이용하여 예비 고객들의 반응을 살펴볼 필요가 있다. 실패를 줄이고 마케팅비를 아낄 수 있는 좋은 방법이다. 제품 출시 전까지 고객이 원하는 제품인지에 대한 무수한 질문을 통해 고객 지향적인 제품이 탄생할 수 있도록 하드웨어 스타트업 CEO는 매진해야 한다.

세상에 처음부터 모든 걸 완벽히 갖춘 사람은 없다. 부족한 점을 메워 열심히 준비하고 준비한 내용이 실제 효과가 있는지 경험해야 한다. 뜻을 품고 시작하는 하드웨어 스타트업 CEO라면 아무리 아이템이 좋고 멤버들이 우수하더라도 자신 스스로를 돌아보고 부족한 점을 채워라. 투자자들은 스타트업 아이템의 우수성보다 CEO의 자질을 보고 투자하는 경우가 많다. 길고 험난한 여정에서 CEO의 올바른 판단과 실행력만이 숨이 긴 스타트업, 투자하고 싶은 스타트업으로 이끌 수 있기 때문이다.

하드웨어 스타트업
CEO 조건 2

스타트업 CEO라면 투자에 관한 기본 상식을 알아야 한다. 투자를 받는 자체는 기쁜 일이지만 투자 계약의 성립 시 계약에 대한 책임이 발생하며 지분 관계로 인한 경영권 분쟁에 대해서도 생각해봐야 한다. 온라인 동창 모임이라는 키워드로 큰 흥행을 했던 아이러브스쿨이 좌초한 이유도 알고 보면 매우 허망하다. 한창 흥행하고 있을 때 모 중소기업이 아이러브스쿨에 투자했다. 하지만 투자를 진행한 모 중소기업의 자금 사정이 급격히 나빠지며 아이러브스쿨에 대한 실질적인 투자 진행이 이루어지지 않았다. 이 때문에 아이러브스쿨은 추락하고 만다.

아이러브스쿨의 창립자는 투자 계약을 이행하지 않았다 하여 투자자를 고소한다. 하지만 투자 계약서 상의 직인을 투자자 개인이 아닌 투자자의 회사 인감으로 직인했기에 투자자 개인에 대해서는 책임이 없는 것으로 판결이 났다. 작은 스타트업뿐만이 아니다. 롯데의 장남과 차남의 경영권 분쟁에서 보는 것처럼 우호지분은 경영권 그 자체이기에 매우 중요하다. 회사 경영에 대한 경험이 없는 스타트업 CEO가 반드시 잊지 말아야 하는 점은 한 번 맺은 계약은 돌이킬 수 없다는 것이다. 도장이 누구 것인지 확인하지 않은 것이 이토록 참담한 결과를 만들 듯 투자 계약의 성립은 중요하다.

스타트업에 도전한다는 말은 내 자금만이 아니라 외부 자금을 사용해서 사업을 진행한다는 뜻이다. 자신의 돈으로만 처음부터 끝까지 사업을 진행한다면 이를 스타트업이라고 부르지 않고 '개인사업을 한다'고 말한다. 스타트업은 외부 투자를 통해 미래 가치를 인정받아 현실화하는 기업이다. 예컨대 새로운 제품을 생각해낸 대학생이 있다고 가정해보자. 주변 친구들과 지인들에게 자신의 아이디어를 이야기하니 모두 훌륭한 제품이 될 것 같다고 이야기한다. 이때 이 대학생이 돈이 많아 외부 자금 없이 제품을 제조해서 판매한다면 이것은 개인사업이다. 주변에서 흔히 보는 분식집, 치킨집과 같은 맥락이다. 반면 자신이 제품을 개발하고 생산할 만한 자금을 갖고 있지 않은 경우라면, 외부로부터 자금을 투자받아 제품을 생산해야 한다. 여기서 후자를 '스타트업'이라 한다(물론 자금이 있어도 투자받을 수 있다). 그래서 스타트업은 개인사업자가 아니라 보통 법인의 형태를 취한다. 이는 지분이라는 개념으로 해당 회사의 소유권을 분배하기 위함이다.

앞서 언급한 대학생의 예로 다시 가보자. 대학생의 아이디어 제품에 대한 소개를 받은 투자자가 1억 원을 이 스타트업에 투자하겠다고 제안했다. 더불어 투자의 대가로 해당 스타트업의 지분을 10% 요구했다. 이때 만약 법인이 아니라 개인사업자라면 지분이라는 개념을 도입할 수 없다. 개인사업자는 이 경우 돈을 빌린(차입) 형태 혹은 동업인의 관계로만 관계 정의가 가능하다. 하지만 법인은 지분 관계를 새롭게 정의해서 이 투자자에게 10%의 지분을 인정해줄 수 있다. 여기서 1억으로 10%의 지분을 요구하는 투자가 받아들여지면 이 스타트업의 가치^{valuation}는 순식간에 10억으로 공식화된다(10%가 1억이므로 100%는 10억이라는 개념). 이렇게 투자 자금과 지분의 관계는 밀접하다.

스타트업이 커나갈 때 단계별 투자 상황에 대해서도 알아야 한다. 하드웨어 스타트업은 제품이 중심이기에 아이디어를 눈으로 볼 수 있고 동작시켜 볼 수 있도록 시제품(프로토타입)을 만든다. 물론 매우 단순한 제품은 시제품을 생략하고 바로 양산을 위한 준비를 할 수도 있다. 하지만 투자자를 설득하는 데 필요하고, 고객이라 생각하고 점검하는 등의 용도에 쓰이기에 대부분 시제품을 제작한다. 시제품 제작은 하드웨어 스타트업에 본격적으로 비용이 필요한 단계다. 시제품 제작을 위한 투자가 이루어질 때 이 자금을 시드머니_{seed money}라고 부르며, 이때의 투자자를 엔젤투자자라고 부른다. 시제품이 완성되면 이 시제품을 이용하여 추가 투자를 받을 수 있다. 받은 돈은 대부분 제품 양산 준비를 위한 지출로 사용한다. 그 이후부터 진행되는 투자 행위에 대해서는 '시리즈_{Series}'로 명명한다. 예를 들어 시리즈 A는 엔젤투자 이후 최초의 시리즈 투자다. 시리즈 B는 시리즈 A보다 개발이 더 진행된 상황에 대한 투자이며, 이런 방식으로 시리즈 C, 시리즈 D 등도 있을 수 있다. 이때는 직접적인 제품 개발에 관한 비용뿐 아니라 마케팅, 인원 충원 등 다양한 용도로 투자금을 사용하게 되며 시간이 지날수록 완성도 높은 제품으로 투자받게 되기에 투자 금액이 커지는 것이 일반적이다. 이쯤 되면 이런 생각도 들 수 있겠다. 이렇게 여러 단계로 투자를 받는 게 번거롭고 복잡하니 아예 시제품 단계에 전체 비용을 한꺼번에 투자를 받으면 되지 않느냐고 말이다. 하지만 이 경우 경영권이 투자자에게 넘어가거나 큰돈을 투자받기 어렵다.

앞선 대학생의 예를 다시 보자. 시제품 제작 단계에 1억 투자자에게 10% 지분을 인정했던 스타트업이 시리즈 A 5억, 시리즈 B 10억을 투자받아 총 16억을 투자받았다고 가정해보자. 시제품 제작 단계에 10억의 가치로 판정된 상황을 상기해보면, 시제품 단계에 16억의 투자 유치는 스타트업의 지분을 100%를 초과해 투자자에게 넘기는 꼴이다. 말이 되지 않는다. 또한 시리즈 B에서 10억을 투자한 투자자는

	스타트업 지분	엔젤투자자 지분	시리즈 A 지분	시리즈 B 지분
외부 투자 무	100%			
1억 유치	90%	10%		
추가 5억 유치	76%	4%	20%	
추가 10억 유치	60%	2.5%	12.5%	25%

▶ 투자 유치 단계별 지분 분포 예

스타트업 초기보다 현실화된 제품을 보고 엔젤투자자가 1억 투자 판단한 시점보다 리스크가 줄어들었기에 10억을 투자한 것이다. 따라서 스타트업 초기에 목돈을 투자받는 것은 비현실적이다.

이번에는 위의 표와 같이 지분의 변동 관점에서 보자. 앞선 설명처럼 엔젤투자자에게서 1억 투자에 10% 지분을 갖는 투자를 유치했다면 10억 원의 가치가 있는 스타트업이다(이 뜻은 동시에 엔젤투자자가 투자하기 전의 회사 가치를 9억 원으로 본다는 의미도 된다). 당연히 스타트업 자체의 지분은 나머지 90%이다. 이후 시리즈 A의 투자가 이루어질 때 투자자가 5억 원을 투자하며 20%의 지분을 요구했다면 해당 스타트업은 25억 원의 가치를 갖는 스타트업으로 성장하게 된다. 엔젤투자로 10억 원의 가치에서 시리즈 A로 15억 원이 증가한 25억 원의 가치로 올라간 것이다. 이렇게 되면 25억 원의 밸류에이션 중 엔젤투자자는 1억 원에 해당하는 지분인 4%, 시리즈 A의 투자자는 5억 원에 해당하는 20%의 지분을 확보하게 된다. 스타트업 자체의 지분은 76%이다. 여기에 시리즈 B 투자자가 10억을 투자하며 25%의 지분을 요구해서 투자가 진행되면 다시 한 번 지분 관계의 변화가 일어난다. 10억 투자에 25%의 지분 투자는 해당 스타트업의 가치를 40억으로 끌어 올린다. 따라서 40억 원의 밸류에이션 중 엔젤투자자는 1억 원에 해당하는 2.5% 소유로 지분이 낮아지고, 시리즈 A 투자자는 5억 원에 해당하는 12.5%로 지분이 내려가고, 시리즈 B 투자자는 25%, 스타트업 자체의 지분은 60%로 내려간다.

여기서 주의할 점은 투자자가 원하는 대로 지분을 구성하도록 내버려두는 것은 위험할 수 있다는 점이다. 한 투자자(혹은 투자회사)가 50% 이상의 지분을 갖고 있거나, 투자자끼리 우호지분을 모아 50% 이상의 지분을 모으면 스타트업의 경영권을 빼앗을 수도 있기 때문이다.

스타트업 CEO는 다재다능해야 한다. 하지만 제아무리 소통을 잘하고 기술적으로 뛰어나고 팔방미인형 CEO라고 해도 투자와 회계에 대한 지식이 없다면 스타트업을 하면 안 된다. 하드웨어 스타트업을 시도하려는 CEO라면 반드시 투자와 회계에 대한 지식 쌓기에 대해 우선순위를 높여라.

기존 제품을
개선하라

하드웨어 스타트업에 대한 시도는
대부분 쉽지 않은 일이라고 여긴다. 반면 커피숍이나 치킨집 등 프랜
차이즈는 다가서기 쉽다. 커피의 원산지를 몰라도, 치킨 맛의 비결을
몰라도 프랜차이즈에서 하라는 방법으로 따라 하면 된다. 하지만 매
뉴얼을 만들 정도로 보편화된 사업은 그만큼 성공하기 어렵다. 누구
나 도전할 수 있는 시스템을 갖추기까지 이미 많은 사람이 행하고 있
어서다. 하드웨어 스타트업은 말만 들어도 어렵다. 물건을 기획하고 개
발하여 판매에 이른다는 건 일반인으로서는 상상하기 어렵다. 하지
만 앞선 여러 사례를 보면 경험이 많지 않은 사람들이 성공한 케이스
가 많다. 이는 그 사회가 경험보다 기술을 배우고 응용하려는 사람에

게 교육과 투자를 아끼지 않는 분위기일 때 가능하다.

쉽게 다가서기 어려워 보이는 하드웨어 스타트업, 어려워 보이는 아이템 다가서기를 그런대로 쉽게 다가간 케이스들을 살펴보자. 이런 제품들은 이미 있는 제품을 조금 개선한 게 전부다.

블립블립스BleepBleeps는 영국에 있는 하드웨어 스타트업이다. 이들은 좋은 부모가 되는 데 도움을 주는 디바이스를 만든다는 비전으로 움직인다. 아래 사진의 왼쪽 제품이 만들어내려 하는 제품들이다. 실제 판매하는 제품은 오른쪽 사진의 삼각형 모양의 모션 알람(감지기)이며 이 제품 외 나머지 제품들은 출시 예정이다. 그런데 가만히 이 제품들을 들여다보면 이미 다 상용화된 제품이 상당수다. 삼각형의 모션 감지기는 설치해놓은 게(예: 가방 등) 충격을 받거나 흔들리면 소리를 내거나 스마트폰으로 알려준다. 이는 블루투스 4.0을 이용하여 스마트폰이 30m 내에 있을 때 동작하는 것으로 보편적으로 웬만한 개발

▶ 블립블립스 홈페이지: http://bleepbleeps.com/

자면 상용화할 수 있는 기술이다.

왼쪽 사진의 제품들을 하나씩 보면 GPS 팬던트(위치 추적기), 임신 여부 테스터기, 아기를 모니터링하는 카메라, 남자의 정자 수 측정기, 모션 알람, 휴대용 초음파 측정기, 아이들 위치 추적을 할 수 있는 어린이 밴드, 체온계다. 이 모든 것은 이미 제품으로 나와 상용화된 기술이다. 블립블립스의 CEO인 톰 에반스^{Tom Evans}는 이미 나와 있는 제품을 동일한 느낌의 디자인으로 만들고 고객들에게 동일한 메시지를 전달하는 것을 방향으로 잡았다. 점과 선으로 된 눈과 입의 느낌은 매우 귀엽다. 더불어 모든 제품은 켜거나 스마트폰과 연결될 때 '블립블립' 하는 특유의 소리를 낸다. 휴대하기 불편하고 측정기 느낌의 제품들을 귀여운 디자인으로 승화시키고 독특한 음으로 제품의 느낌을 통일했다. 왠지 하나를 사면 나머지도 사야 할 것 같은 느낌이다. 톰 에반스가 생각해낸 부분은 기존 제품들의 통일성 없는 디자인을 개선한 것 말고는 없다.

에딘^{EYDN}은 2013년에 설립되어 2014년 킥스타터 클라우드 펀딩을 통해 2336명의 후원자로부터 38만 달러(약 4억 5000만 원)를 이끌어낸 영국의 스타트업이다. 정원이나 농장에 식물이 잘 자랄 수 있게 빛, 온도, 습도, PH를 모니터링할 수 있으며, 다음 페이지 오른쪽 아래 사진의 장치는 호스 중간에 연결하여 식물들에게 물을 주어야 할 타이밍을 자동으로 세팅할 수도 있다. 그런데 사실 에딘이 나오기 전 식물 주

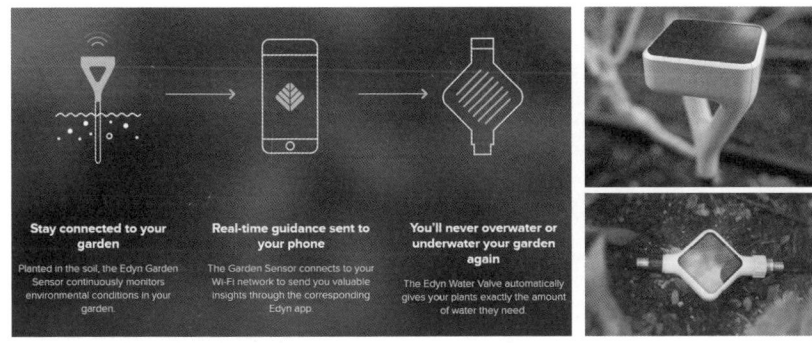

▶ 에딘 홈페이지: https://www.edyn.com/

변의 온습도를 측정하고 스마트폰과 연동하여 식물을 관리할 수 있는 제품은 이미 있었다. 에딘의 CEO 제이슨 아람부르Jason Aramburu는 기존 제품의 기능에 태양광 충전 기능을 추가했다. 그리고 더불어 광량도 데이터화했다. 이미 나와 있는 제품을 모니터링하여 부가하며 좋은 기능을 더한 것이다. 물론 부가 기능도 이미 상용화된 기능이다. 완전히 새롭게 만들어낸 것은 없다.

요즘 전동 휠체어를 타고 다니는 사람을 어렵지 않게 볼 수 있다. 휠Whill은 전동 휠체어를 출시한 일본 스타트업이다. 2012년에 설립되었는데 닛산, 도요타, 소니, 올림푸스에서 근무했던 엔지니어들로 구성되어 있다. 기존 전동 휠체어보다 좁은 지역에서 회전을 쉽게 할 수 있도록 개선했으며 블루투스로 휠체어를 이동시킬 수도 있다. 현재 미국 중심으로 판매되고 있으며 일본에서는 NTT도코모에서 GPS를

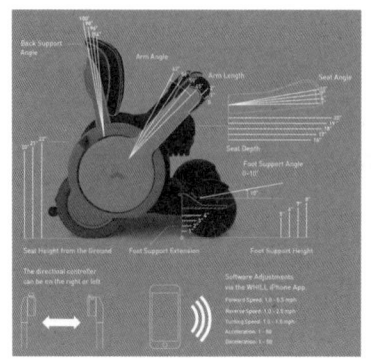

▶ 휠 홈페이지: http://whill.us/

추가 장착하여 위치 정보나 반납 상황이 체크될 수 있도록 하여 휠 렌트 사업을 2015년 4월부터 하고 있다. 휠도 이미 존재하던 전동 휠체어의 불편한 점을 개선하려 노력했고 근래 대부분의 디바이스에 장착하는 블루투스를 넣었다.

전기로 움직이는 다양한 디바이스들이 나오고 있다. 기존에 없던 완전히 새로운 디바이스를 만들어내는 건 정말 쉽지 않은 일이다. 이미 존재하는 디바이스에서 부족하거나 불편한 부분을 개선하라.

즐길 수 있는 일로
도전하라

앞서 언급했듯이 우리나라 대학과 스타트업의 활성화가 이루어지는 나라들의 대학 분위기는 사뭇 다르다. 최근 우리나라 대부분의 대학이 그 본연의 역할을 하지 못하고 있다는 평을 받고 있다. 대학이 학문의 요람이 아닌 기업에 인력을 조달하는 장소에 불과하며, 영리 목적 기업과 똑같이 수익을 최우선시한다. 취업률과 강의 평가에 근거한 학과 통폐합이 이루어지며, 인구 감소에 따라 대학교 숫자도 축소될 가능성마저 고려된다. 이런 상황에서는 시간이 가면 갈수록 대학에 대해 지성의 전당이라는 표현이 무색해진다. 대학이 생존하려면 현실을 무시할 수 없기 때문이다. 하지만 어디 대학만 이러한가?

우리나라 초·중·고 교육 대부분은 대학 입시를 위해 존재한다. 결국 초·중·고·대학 교육 모두가 오로지 취업을 위해 존재하는 꼴이다. 물론 학생들이 올바른 인성을 갖도록 노력하는 선생님들과 학교도 많다. 하지만 사교육비 세계 최고라는 우리나라 타이틀을 보면 한쪽으로 쏠려 있음은 부인할 수 없다. 대학 진학률 또한 세계 최고다. 인지도 높은 대학에 입학하여 안정된 직장을 얻는 것이 대한민국 젊은이들의 희망 사항이자 꿈이다.

이런 불타는 교육열에도 현재 우리나라의 취업시장은 그다지 녹록하지 않다. 글로벌 경기 침체로 우리나라도 저성장 기조가 뚜렷이 나타나고 있다. 미국의 출구전략 시행으로 글로벌 차원의 유동성 조정이 진행 중이다. 총수요보다 총공급이 많은 상황이기에 신흥국의 과잉 투자도 문제다. 또한 원자재 가격 하락으로 전통 산유국들이 위기를 맞고 있으며, 석유 정제 등 석유 2차 사업도 침체 국면이다. 젊은이들의 취업도 문제지만 당장 40세 이상 기성세대들의 실직 문제가 더 시급하다. 저성장 기조는 대부분의 기업에 효율화를 부추긴다. 고임금의 중견 근로자들은 퇴출 0순위 대상이고, 이들이 직장을 떠나 일할 곳이 턱없이 부족하다. 현 상황 돌파도 만만치 않다. 상황이 이러하니 취업이나 창업이 모두 생계를 걱정하면서 시작한다. 이 중 생계형 창업은 당장 수익을 바라봐야 하기에 쉽지 않다. 하드웨어 스타트업에 도전하려면 단계 단계마다 비용이 필요하기에 당장의 살림살이를 생

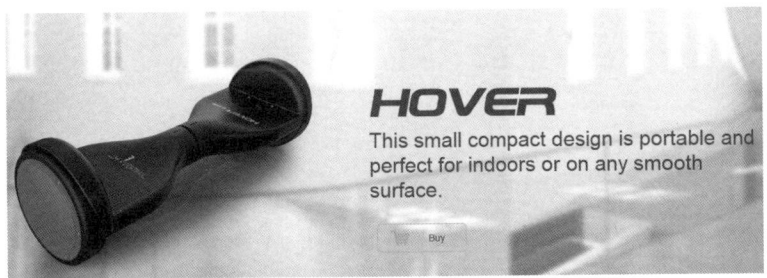

▶ 전동휠 호버. 솔로휠(SoloWheel) 홈페이지: http://solowheel.com/product/hovertra

각하면 도전할 엄두를 못 내는 게 일반 현실이다.

그렇다면 어떻게 해야 스타트업의 성공 확률을 높일 수 있을까? 힘든 여정이지만 진실로 본인이 즐거운 일을 한다면 이는 도전의 대상이지 역경이 아니다. 본인이 즐겁게 할 수 있는 일로 스타트업에 도전한다면 도전은 즐거운 여정일 수밖에 없다.

전동휠 호버Hover는 2013년 5월 클라우드 펀딩 사이트인 킥스타터에 론칭되었다. 그리고 2개월이 안 되어 목표 금액 4만 달러의 2배인 8만 5000달러(약 1억 원)를 162명의 후원자로부터 지원받으며 펀딩에 당당히 성공했다. 언뜻 보면 새로 생긴 하드웨어 스타트업이 새로운 제품 개발에 성공했나 보다고 생각할 수도 있겠다. 하지만 이 제품을 만들어낸 회사를 들여다보면 남다르다.

이 회사는 셴 첸Shane Chen이라는 중국인이 설립한 회사다. 중국 베이징에서 농업 대학을 나온 그는 1980년 중반 중국보다 미국에 기회가

▶ 호버의 설립자와 회사 인벤티스트. 인벤티스트 홈페이지: http://www.inventist.com/

있다고 보고 미국으로 건너왔다. 이후 농업 관련 장비 개발에 힘써오다 2003년 인벤티스트Inventist 사를 설립했다. 이후 각종 스포츠와 연관된 디바이스를 만들어낸다. 홈페이지에서 10종의 각기 다른 디바이스를 확인할 수 있다. 다음은 그가 말하는 그의 미션이다.

"나의 미션은 건강에 도움되는 요소를 만들어냄과 동시에 진정으로 새롭고 사용하기에 즐거운 스포츠 디바이스를 개발하는 것이다."

그는 새롭고 즐거운 스포츠 디바이스를 만들어내는 그 자체를 즐기며 그것이 자신의 사명이라고 말한다. 농업 대학을 나온 그가 이런 즐기는 자세가 없었다면 이런 제품 개발을 어떻게 주도할 수 있었겠는가?

누트로픽 디자인Nootropic Design은 오픈소스를 기반으로 한 전자 키트를 만드는 회사다. 사실 하드웨어 스타트업 중 아두이노, 라즈베리파이 등과 같은 오픈소스 하드웨어를 이용한 부속품 판매 및 각종 키트판매를 주 업으로 삼는 스타트업이 꽤 많다. 누트로픽 디자인은 마이

하드웨어 스타트업

클 크럼푸스Michael Krumpus라는 미국 미네소타대학 출신의 소프트웨어 및 하드웨어 엔지니어가 만든 하드웨어 스타트업이다. 시한폭탄 모형 중간에 설치된 키트가 그가 디자인한 보드다. 전선 세 가닥 중 특정 가닥을 자르면 카운트다운이 멈춘다. 물론 다이너마이트 모형은 가짜다.

▶시한폭탄 모형: 누트로픽 디자인 제작 동영상 캡처. https://www.youtube.com/watch?v=albGoar3P0I 〉

동영상을 보면 실감 난다. 홈페이지에 들어가보면 키트 구매자가 각자 나름의 시한폭탄 모형을 만들어 올린 사진이 70개가 넘는다. 이외에도 음을 마음껏 튜팅할 수 있는 키트, 동영상을 튜닝할 수 있는 키트 등 재미난 키트들을 판매한다. 하지만 마이클 크럼푸스는 스스로를 엔지니어가 아닌 디자이너라 부른다. 소프트웨어 및 하드웨어 디자이너. 그는 이제 스물다섯 살 된 청년이다. 그가 만들어내는 키트들은 실제 매우 재미있다.

본인이 좋아서 추진하는 일은 하면서도 즐겁다. 해외에는 무언가를 직접 만드는 것에 몰입하는 이들이 많다. 우리나라도 현격히 증가 추세다. 자신이 즐겁게 만들 수 있는 것을 찾아서 처음에는 취미 삼아 시작하지만 실제 직업으로 바뀌는 경우들을 말한다. 국내에도 피규어와 프라모델(플라스틱 모델의 줄임말) 수집과 제작이 취미였다가 많은 사람의 호응으로 실제 직업으로 바뀐 사례도 있다. 이 사람이 운영하는 네이버 카페에 들어가려면 심사를 받기 위해 기다리기까지 해야 한다. 이쯤 되면 직업 중에 좋은 직업이라고 할 수 있겠다. 자신이 좋아하는 일에서 하드웨어 스타트업이 시작될 수 있음을 상기하라. 자신이 좋아하는 분야가 직업으로 바뀌는 것은 결코 남의 이야기가 아니다.

제품 그 이상의 가치를 발견하라

동일 제품을 만들 때 중국에서의 제조 원가는 국내보다 저렴하다. 베트남, 인도네시아 등 근래 신흥 제조국이 강세를 보이며 국내 기업들 다수가 중국과 더불어 이들 신흥 제조국에 지속 투자하고 있다. 유사한 기능과 디자인이라면 가격 경쟁력이 있어야 팔리기에 이런 상황이 벌어지고 있다. 하지만 이런 논리라면 국내에서 제조업이 살아남을 수 있는 희망은 없다. 더불어 우리나라뿐 아니라 인건비가 상대적으로 고비용인 다른 모든 나라도 절망적일 수밖에 없다. 과연 제조 원가가 저렴하면 달리 어떻게 해볼 방법이 없는 걸까?

근래 들어 기업에 사회적 책임을 묻는 문화가 급속히 증가하고 있다. 이는 단순히 고용을 창출하고 고객에게 가치를 전달하는 이상으로 기업에 요구하는 것이 늘고 있다는 뜻이다. CSR^{Corporate Social Responsibility}로 불리는데, 기업이 경제적·법적 책임뿐만 아니라 폭넓은 사회적 책임을 적극 수행해야 한다는 것을 의미한다. 이는 경영 방침의 윤리적 적정성, 제품 생산 과정에서 환경에 악영향을 미치거나, 구성원이 인권상의 문제를 일으키는 등과 같은 비윤리적 행위의 여부, 국가와 지역사회에 대한 공헌 정도, 제품 결함에 대한 잘못의 인정과 보상 등을 포함한다. 실제로 그 중요성을 인지한 국제표준화기구^{ISO}는 2011년 11월 기업의 사회적 책임에 대한 국제 표준인 ISO26000까지 제정했다. 하지만 CSR은 오래된 개념이다. 20년이 넘었다. 실제 우리나라에서 CSR의 결과는 경영에 그다지 큰 영향을 미치고 있지 않다. 양로원에 방문하거나 연탄을 나르는 등의 자선 활동 수익금 기부 등의 형태가 대부분이었다.

그런데 2011년 마이클 포터^{Michael Eugene Porter} 미국 하버드대학 교수에 의해 CSV^{Creating Shared Value}라는 개념이 새로이 등장했다. CSR에서 주장하는 사회적 가치 외에 기업 본연의 경제적 가치를 추가하여 공유가치^{shared value}라는 개념을 만들어냈다. CSV는 비용 대비 사회·경제적 편익과 효용을 목적으로 한다. 무엇보다 기업과 공동체를 위한 가치 창출을 우선으로 삼는데, 앞선 언급처럼 사회적 가치만이 아니라 경제적 가치까지 동시에 추구한다. 이에 대한 실행은 기업의 특정 상황에 맞게 전략 차원에서 이루어져야 한다고 마이클 포터 교수는 강조했다.

프린티드 네스트^{Printed Nest}라는 사이트가 있다. 도심에서 새가 살 곳이 줄어드는 것이 안타까워 새에게 둥지를 주자는 캠페인을 한다. 사이트가 생겨난 2014년 초, 3D 프린팅 새집을 만들어서 3D 파일을 무료 배포하고 있었다. 파일은 누구나 다운받을 수 있고, 3D 프린팅하여 새장을 설치하면 설치 위치를 사이트 지도에 표시할 수 있게 했다. 이 사이트의 운영자들은 새를 정말로 좋아하는 사람들 같았다. 사이트 어디에도 수익을 낼 만한 내용은 보이지 않았다. 어떻게 수익을 내려는지 잘 이해되지 않았다. 몇 개월이 지나 다시 사이트에 들어갔을 때 이들의 명확한 의도를 확인했다.

새를 좋아하는 사람들(새장을 설치하고 홈페이지 지도에 표시한 전 세계의 고객들)과 교감이 충분히 이루어지고 나서 커뮤니티가 만들어졌

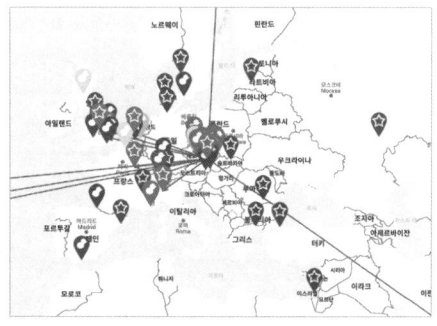

▶ 프린티드 네스트 새장과 사이트 가입자들이 새장을 설치한 지역 표시.
http://www.printednest.com

NEW PRODUCTS

1ST HERO	BRIDE	BROXIC	BRUNO
€75.00	€49.00	€69.00	€75.00
CLU GLOWS	GOLDEN EGG	HEART&SKULL	HELLFIRE
€49.00	€58.00	€79.00	€75.00

▶ 유료 3D 프린팅 새집을 판매하고 있는 프린티드 네스트 홈페이지:
http://www.printednest.com

다고 느꼈을 때, 바로 그 시점부터 예쁘게 만든 새장을 팔기 시작한 것
이다. 'Sold Out' 표시가 많은 걸로 보면 새집이 곧잘 판매되는 것으
로 보인다. 여기에 고객들은 새장의 가격만 보고 새장을 사는 고객들
이 아니다. 똑같은 제품을 중국에서 반값에 만들어 인터넷에서 팔아
도 프린티드 네스트 사이트에서 살 것이다. 새를 보호하고 사랑하자
는 의도가 가격보다 더 중요하기 때문이다.

부스티드 보즈Boosted Boards는 2011년에 펀딩된 전기로 움직이는 보
드Electric Skateboard를 만드는 하드웨어 스타트업이다. 리모컨으로 멈춤과
가속을 제어한다. 홈페이지 등의 동영상을 보면 손에 리모컨을 쥐고

하드웨어 스타트업

▶ 부스티드 보즈 홈페이지: http://boostedboards.com/

타는 모습이 나오는데, 실제 안 타봐서 모르겠지만 조금은 위험하다는 생각도 들었다. 아무튼 사람들에게 잘 어필할 수 있을지 의구심이 들었다. 하지만 부스티드 보즈에서 강조하는 부분이 있다. 바로 에너지 절약이다. 위의 오른쪽 사진도 그런 의미의 홈페이지 사진이다. 여성이 혼자 부스티드 보즈를 들고 있고 에스컬레이터의 사람들은 이상하다는 듯이 쳐다본다. 전기로 움직이는 보드가 편하고 재미있고 오르막을 오를 수 있는 등 다양한 기능적 메리트가 있는 것만을 강조하지 않고, 5달러로 2000마일을 보드를 타고 움직일 수 있는 에너지 절감을 내세운다.

하드웨어 스타트업에서 만들어낸 제품을 기존과 달리 바라보며 제품 그 이상의 가치를 발견하라. 사람들에게 긍정의 의미로 다가갈 수 있는 CSV 창출에 힘써보라. 실제 제품의 몇 배, 몇십 배의 가치를 발할 수 있다.

Refocus,
Revalue

20년 가까이 제품 개발에 관련된 일을 해왔다. 300곳이 넘는 기업과 거래했다. 다양한 스타트업의 흥망을 보았다. 처음 사회생활을 할 때 전력 관련 공기업, 자동차 회사, 전자 회사 이렇게 3곳의 회사에 합격했다. (내가 면접을 잘 봐서 입사 허락을 받은 것도 있겠지만, IMF가 오기 전 1990년대에는 일자리가 구직자보다 많았다.) 공기업은 따분할 것 같고, 우스갯소리처럼 들릴 수도 있겠지만 자동차 회사에선 면접관 중에 관상을 보는 사람을 앉혀놓아 기분이 좋지 않아 선택하지 않았다. 선택한 곳은 현대전자였다. 당시도 지금처럼 삼성전자는 신망 있는 기업이었다. 대신 현대전자는 신생 기업이고 현대그룹의 도전정신 같은 게 느껴져 현대전자를 택했다. 그런데

현대전자에서 면접 볼 때의 상황이 지금도 생생하다.

면접 날 아침 신문을 봤다. 매일 보는 신문이지만 2가지 내용이 눈에 들어왔다. 현대전자가 그동안 투자해왔던 하드디스크 제조 부분에서 손을 뗄 수도 있다는 내용과 마이크로소프트에서 인체공학에 근거한 키보드를 출시했다는 내용이었다. 그런데 놀랍게도 그날 오전 11시에 있던 현대전자 임원진 면접에서 신문 기사에 있는 내용과 연관된 것들이 나왔다. 문을 똑똑 두드리고 들어간 회의실에는 네 명의 면접관이 있었다. 우리는 다섯 명씩 조를 짜 들어갔는데 나는 다섯 명 중 맨 앞에 서서 들어갔다. 자리에 앉고 각자 소개 시간이 있었다. 심층 질문이 이어졌다. 맨 처음 들어간 죄로 모든 질문은 나부터 답을 했다. 한 면접관이 나를 보며 물었다.

"이 회사에 입사하면 무엇을 하고 싶은가요?"

질문을 듣고 답을 하는 순간까지 2~3초 망설였는데, 그때 커다랗고 원대한 비전과 포부를 이야기해야 할지 현실적인 이야기를 해야 할지 짧은 시간이었지만 머리 굴리느라 정신없었다. 내 입에서는 오늘 아침 신문 기사 내용을 말하고 있었다.

"마이크로소프트에서 인체공학적인 키보드를 개발했다고 합니다. 키보드를 유선형으로 만드는 것이 별거 아닌 것 같지만 많이 사용하는 것일수록 편하게 사용할 수 있도록 만들어야 한다고 생각합니다. 그런 일을 해보고 싶습니다."

내 답변 후 옆 사람들에게도 같은 질문이 이어졌다. 그런데 네 번째 면접자에게서 오늘 아침 신문 내용과 연관된 답변이 나왔다.

"저는 귀사에서 하드디스크 관련 일을 하고 싶습니다."

오늘 신문에 관련 사업을 중단할 수도 있다는 내용이 나왔건만, 그것 때문인지 연이은 질문이 나왔다.

"그럼 귀하는 하드디스크 관련 일을 잘하기 위해 어떤 노력을 했나요?"

"하드디스크를 직접 본 적은 없어 잘 모르겠지만, 재미있을 것 같습니다."

"직접 보지도 않았는데 왜 재미있을 것 같지요?"

"그럼… 오늘 집에 가서 컴퓨터를 분해해서 하드디스크를 열어보겠습니다."

마지막 이 면접자의 답변에 면접관들은 더 이상 질문을 하지 않았다. 내가 생각해도 일반인이 하드디스크를 분해하면 다시 사용할 수 없기에 비현실적인 이야기로 들렸다. 시간이 흘러 면접 통과자 명단이 발표되었는데, 나는 있고 하드디스크를 운운한 그 사람은 없었다. 조금 자기 자랑 같지만 지금 생각해도 그때 내가 참 말을 잘했다고 생각한다.

실제 물건의 발전 방향은 사람이 직접 사용하는 것과 그렇지 않은 것으로 구분할 수 있다. 사람이 직접 사용하는 물건은 사용하는 데 불편함이 없도록 편하게 사용할 수 있는 방향으로 발전한다. 하지만 사람이 직접 사용하지 않는 물건은 가치가 떨어지면 아예 없어지는 경우가 많다. 이 경우 가치가 있는 새로운 제품으로 대체된다. 앞의 신입사원 면접을 본 지 20년이 다 되어간다. 하지만 마이크로소프트에서는 지금도 키보드를 인체공학적으로 만들고 있다고 홈페이지 첫 화면에 올려놓고 있다(http://www.microsoft.com/hardware/ko-kr). 반면 컴퓨터의 부속 부품인 하드디스크는 어떠한가? 현재 SSD^{Solid State Disk}라는 반도체를 이용한 저장장치로 급속히 대체되고 있다. 소형화, 경량화, 속도 모두 다 하드디스크보다 이롭기 때문이다.

레드시프트 스포츠^{Redshift Sports}는 2013년에 설립된 스포츠용품 하드웨어 스타트업이다. 현재는 주로 기존보다 자전거 사용을 편리하게 만드는 제품을 출시하고 있다. 아래 왼쪽 사진은 2가지 위치를 갖

▶ 레드시프트 스포츠의 자전거 관련 제품. http://www.redshiftsports.com/

는 안장이다. 천천히 달릴 때와 가속하고 싶을 때 안장의 형태를 달리하여 몸의 자세를 바꿀 수 있다. 자전거를 탄 상태에서 엉덩이를 들고 안장을 손으로 당기고 미는 동작만으로 자세를 바꾼다. 오른쪽 사진은 울퉁불퉁한 도로에서 손과 팔에 전달되는 충격을 완화해주는 'Shock-Absorbing Bike Stem(핸들과 자전거 몸체를 연결해주는 바 형태의 부품, 홈페이지에서 실제 사용 시 탄성력 있게 움직이는 모습을 확인할 수 있다)'이다. 레드시프트 스포츠는 기존에 존재하던 자전거의 부품을 자전거 사용자에게 조금 더 편리하도록 아이디어를 가미했다. 레드시프트 바이클Redshift Bicycle이라고 회사명을 짓지 않고 스포츠Sports라고 명명한 것을 보면 스포츠용품을 지금보다 편리하게 만드는 일을 추진할 것으로 보인다.

하드웨어 스타트업을 하고 있거나 꿈꾼다면 자신의 제품이 어떤 영역의 제품인지 다시 한 번 살펴보라. 사람이 직접 사용하는 물건이라면 조금 더 편하게 불편함을 줄이는 쪽으로 더욱 모색하라. 사람이 직접 사용치 않는 기능성 물건이라면 적절한 대체품에 대해 지속 고민하라. 주변에 존재하는 제품에 대해 재조명Refocus, 재평가Revalue해보라. 하드웨어 스타트업을 위한 아이템은 우리 주변에 널려 있다.

창의력보다
열정이 우선이다

대부분의 사람이 스타트업을 한다고 하면, 남들과 다른 사업 아이템을 찾는 것을 가장 중요하게 여긴다. 남들과 다른 것을 찾으면 마치 스타트업 도전에서 대부분의 문제를 해결한 양 여긴다.

세계적인 경영전략가인 게리 하멜 교수는 6단계로 사람의 능력을 구분했다. 맨 아래 단계는 '복종obedience'이다. 무서운 선생님이 나타나면 혼나지 않기 위해 그때만 하는 척하는 능력이다. 그 위는 '근면diligence'이다. 누가 보지 않더라도 열심히 할 수 있는 능력이다. 한 단계 위는 '지적 능력intellect'이다. 머리를 쓰는 근면 능력이다. 그 위의 단계가 '진취성initiative'이다. 사람을 움직이게 만들고 남이 시키지 않아도

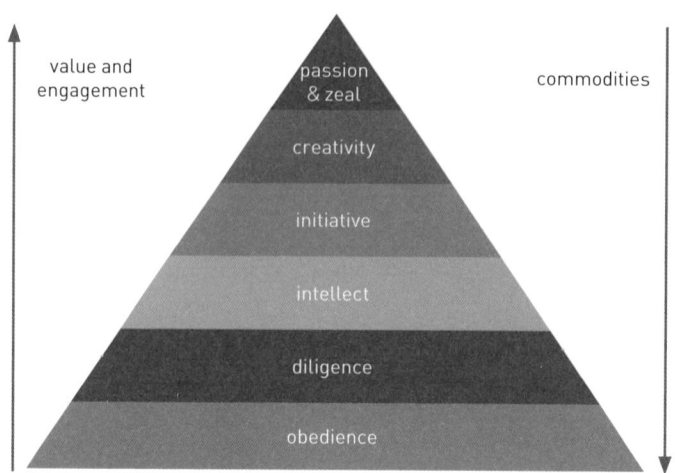

▶ 게리 하멜의 '사람 능력에 대한 피라미드(Pyramid of Human Capabilities)'.
http://thehypertextual.com/2010/04/08/gary-hamels-pyramid-of-human-
capabilities

리드하는 능력이다. 그 위에는 '창조creativity'가 보인다. 새로운 것을 만
들어내는 능력이다. 맨 위에 바로 '열정passion & zeal'이 자리하고 있다. 실
패를 극복하고 창조를 지속해내는 사람에게는 열정이라는 능력이 있
다는 것이다. 피라미드에서 위쪽에 있을수록 높은 가치의 능력을 의
미한다. 일반적으로는 창조 능력을 열정 능력보다 높이 평가할 것 같
으나, 열정 능력이 가장 높은 위치다. 창조는 대부분 실패를 동반하기
에 그 창조 능력을 지속하게 하는 힘이 더 가치가 있다는 뜻이다. 사람
의 능력 중 가장 가치 있는 능력을 '열정'이라고 정의한 것이다.

만약 미래가 불투명한 사업에 뛰어들어 시간을 보내고 있다면 당

하드웨어 스타트업

신은 어느 정도 시간을 투자할 수 있는가? 물론 자금을 얼마나 확보하고 있느냐가 기준일 수도 있겠다. 하지만 가장 중요한 건 그 사업을 하는 당사자의 마음가짐이다. 상황을 비관적으로 보느냐, 낙관적으로 보느냐에 따라 다르기 때문이다.

밴드 인더스트리Band Industries는 2012년 펀딩으로 설립된 회사다. 이 회사는 뮤지션들에게 필요한 디바이스를 개발하는 것이 모토다. 현재 '로디Roadie'라는 기타 튜닝 디바이스를 출시했다. 스마트폰과 연동되며 현악기의 조율을 자동으로 해주는 기기다. 이 회사의 설립자는 레바논의 바삼 잘하Bassam Jalgha와 하산 슬라이비Hassane Slaibi로 둘 다 1987년생이다. 레바논에 있는 AUBthe American University of Beirut를 같이 졸업했고 전공은 각각 기계공학, 컴퓨터 공학이다.

로디는 2013년 11월 크라우드 펀딩에 성공하면서 전 세계 30개가 넘는 언론에 언급되었다. 그리고 2014년 6월 실제 제품 출시에 성공한다. 이렇게만 보면 아이디어를 잘 내서 적정한 노력을 통해 제품화까지 성공한 부러운 케이스 정도로 여기기 쉽다. 조금 더 로디의 개발 과정을 알아보자. 로디가 개발되기 시작한 것은 두 명의 설립

▶ 로디를 사용하여 기타를 튜닝하는 모습:
http://www.bandindustries.com

  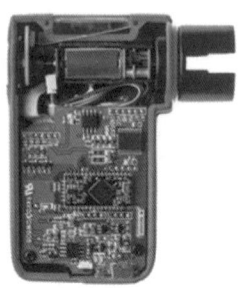

▶ 레바논에서의 시제품(왼쪽)과 핵셀러레이터의 지원으로 개선된 로디(오른쪽).
https://www.kickstarter.com/projects/roadietuner/roadie-tuner-the-ultimate-guitarist-
tool/description

자가 대학을 졸업하던 2010년부터다. 이 둘은 2013년까지 꼬박 3년
동안 로디의 기본 컨트롤 시스템을 디자인했다. 그러고는 중국 선전의
하드웨어 스타트업 엑셀러레이터인 핵셀러레이터의 투자를 받아 더
욱 디테일한 개발 작업에 들어갔다.

이제 막 대학을 갓 졸업한 두 명의 청년이 열정 하나로 3년을 도전
하여 위의 사진 왼쪽에 보이는 제품을 만들었다. 하지만 최종 출시한
제품과 비교하면 너무나 볼품없다. 실제 두 창업자가 언급한 기사를
보면 상황이 짐작 간다. 중국 선전에서 핵셀러레이터의 지원으로 제
품이 제품다워지는 모습을 어메이징Amazing하다고 했다. 레바논에서
의 3년이란 시간이 너무나 길고 성공의 길을 확인하기 어려워 포기
할 수도 있었다. 하지만 이들은 중국 선전에 하드웨어 스타트업에 대

한 시제품 제작 인프라가 잘되어 있다는 소식을 듣고 과감히 중국으로 향했다. 거기서 투자를 받고 제품을 완성하고 양산까지 진행하고 있다.

창의적 아이디어는 누구나 낼 수 있다. 하지만 그것을 제품으로 승화시키는 것은 다름 아닌 '열정'이 있어야 가능한 일이다. 하드웨어 스타트업을 시도해서 성공하면 앞서 여러 번 언급한 것처럼 경제를 살리고, 일자리를 창출하고, 돈도 벌 수 있다. 이때 무엇보다 험난한 여정을 돌파하기 위해서는 열정이 있어야 한다. 금방 달궈졌다가 이내 식는 감성적인 감정이 아닌 길게 보고 기회를 찾아 지속 모색하는 깊은 열정이 필요하다. 하드웨어 스타트업에 도전하려 하는가? 자신의 열정 마인드를 놓지 말자. 당신의 열정의 크기만큼 염원하는 것을 이룰 수 있을 것이다.

공유하고
나누라

최근 공유경제가 화두다. 1984년 마틴 와이츠먼^{Martin Weitzman} 미국 하버드대학 교수가 경기 저하를 극복하는 방안으로 제안했다. 2008년 하버드대학 로런스 레식^{Lawrence Lessig} 교수가 이를 더욱 발전시켰다. 2008년 미국의 서브프라임 모기지 사태가 촉발되었을 때 더 큰 집, 더 좋은 차를 소유하려던 사람들이 소유 욕구에 대해 회의를 느끼며 촉발되었다. 또한 공유경제가 글로벌하게 급속히 떠오르는 이유는 인터넷과 스마트폰의 보편화로 거의 모든 정보를 누구나 쉽게 생산하고 공유할 수 있는 여건이 마련되고서부터다. 이미 있는 재화를 공유, 교환, 임대하는 형태이기에 '협력적 소비^{collaborative consumption}'라고도 한다. 공유경제의 핵심 중 핵심은 참여와 상호 신뢰다. 새로운 문화로 자리 잡고 있다. 우버Uber, 에어비엔비AirBnB가 각각 차와 공간을 공유하는 대표적인 사례다. 하드웨어 스타트업에 있어 공유경제는 어떤 모습일까?

N55는 1994년 비영리 전시 공간과 실험실인 덴마크 코펜하겐 뇌레파리마그스가데Nørre Farimagsgade 55번지에서 설립되었다. N55는 서로 협력하여 장소, 경제, 물건을 공유하고 나누는 플랫폼을 만든다. 그들이 만든 물건은 공유하고 나눈다. 이들의 홈페이지에는 그동안 진행해온 여러 프로젝트를 공유하며 실제 그것을 만드는 방법까지 오픈해놓았다. 아예 매뉴얼화하여 무료로 다운로드 받을 수 있고 인쇄본은 메일로 신청하며 유료로 받아볼 수 있다. 이들은 본인들의 소유한 장소라는 개념은 없는 것이며 장소를 어떻게 잘 사용할 것인지에 대

▶ 덴마크 코펜하겐 아티스트 단체 N55의 공유물. N55 홈페이지: http://www.n55.dk/

▶ 오픈소스로 공유되어 있는 N55의 수송 바이클(리어카)이 응용된 사례(왼쪽 위부터 시계 방향으로 N55 구성원들이 테이블화한 리어카, 프랑스 파리의 푸드 사이클, 독일 베를린의 이동 커피 리어카, 스웨덴의 크리닝 회사의 크린 리어카). N55에서 오픈소스 카고(CARGO)에 관해 만든 홈페이지: http://www.xyzcargo.com/

해 관심이 있다. 로봇처럼 이동하는 거주공간, 물 위에 띄운 거주공간, 일인 이동 거주공간 등 그들이 진행한 프로젝트를 보면 일관적이다. 그들이 만드는 물건은 모두 집에서 제작 가능한 오픈소스 시스템에 기반한다. 수익은 실제 만든 제품을 파는 것으로 얻는다. 대신 만드는 방법은 공유한다. 언제든지 N55 홈페지에 가면 오픈소스화된 N55에 서 만든 물건의 제조 방법을 매뉴얼로 확인할 수 있다(http://www.

n55.dk/MANUALS/Manuals.html). 오픈소스로 만드는 방법을 다 공유하지만 이들의 제품은 여러 기업과 단체에서 구매한다.

이는 2005년 이탈리아에서 마시모 밴지Massimo Banzi와 다비드 쿠아르티에예스David Cuartielles에서 시작된 아두이노의 상황과 같다. 아두이노 보드는 미국 아트멜Atmel 사의 마이크로 컨트롤러 칩과 다양한 전자 부품들로 구성되어 있다. 오픈소스 하드웨어의 확장성(키트 구성을 어떻게 하는가에 따라 다양한 제품을 만들 수 있음)으로 인해 일반인들의 아두이노 보드 수요는 급속히 늘어나고 있다. 아두이노 보드의 판매로 아트멜 사가 벌어들이는 수익은 도대체 얼마일까? 실제 독일 칩 제조회사인 다이얼로그 세미컨덕터Dialog Semiconductor 사가 2015년 9월 아트멜 사를 인수 했는데 그 금액은 무려 46억 달러(5조 4000억 원)이다. 오픈소스 하드웨어로 가장 큰 수익을 올린 곳은 주요 칩 제조사인 것이다. 인텔의 갈릴레오Galileo, 라즈베리파이 재단의 라즈베리파이Raspberry PI 모두 동일한 콘셉트다.

3D 프린팅, 아두이노, 자전거뿐만 아니라 자동차도 만드는 방법이 오픈소스로 지속 인터넷에 오르고 있다. 3D 프린팅으로 자동차를 만들면서 일약 세계인의 관심을 받은 로컬모터스Local Motors, OS비이클OSVehicle은 모두 오픈소스를 이용하여 공유와 협력을 통해 자동차를 만든다. 누구나 3D 모델링 파일, 도면 등을 다운로드하여 만들 수 있다. 근래 3D 프린팅 전기차를 만드는 것에 중국, 싱가포르 등 여러 나

라 대학생들이 도전하여 성공하고 있다. 이는 엄청나게 특별한 사람만 할 수 있는 기술이 아니라 인터넷상에 오픈되어 있는 소스에 근거하여 제작한 것이다.

게임 오브 드론Game of Drones은 미국 캘리포니아 샌프란시스코에 있는 드론 하드웨어 스타트업이다. 1966년생인 마퀴 콘블라트Marque Cornblatt가 2014년 1월 크라우드 펀딩을 시도해 2월에 5만 달러(5800만 원)의 펀딩을 받았다. 실제 이들의 드론은 기술적으로 남다른 부분은 없다. 대신 불 속을 통과하거나 유리에 부딪치게 해서도 내구성에 문제없다는 동영상을 유튜브에 올려 사람들의 이목을 끈다. 이들은 장애물 통과나 드론 간의 충돌 게임 등을 실시하는 에러리얼 스포츠 리그Aerial Sports League(http://www.aerialsports.tv)에 적극 참여한다. 포럼, 블로그를 운영하고 자신들이 배틀Battle 드론임을 강조하여 호응을 얻고 드론을 판매하여 수익을 낸다. 게임 오브 드론은 커뮤니티를 형성하며 마니아를 만들고 있다. 특별 기술은 없지만 사람들이 좋아할 영상(http://www.gameofdrones.com/

▶ 게임 오브 드론에서 판매하는 드론.
http://www.gameofdrones.com/

videos/)을 만들어 지속 공유해서 드론 구매를 유발한다. 이는 네이버 카페나 밴드, 카카오스토리 등의 SNS 마케팅을 통한 제품 판매와 다르지 않다.

앞서 언급한 N55, 아두이노, 라즈베리파이, 갈릴레오, 로컬모터스, OS비이클, 게임 오브 드론 모두 갖고 있는 정보를 나누고 공유하여 수익을 창출한다. 또한 최근 들어 하드웨어 스타트업이 알아야 기술적 지식들을 공유하는 것 자체를 비즈니스 모델로 한 스타트업이 속속 생기고 있다. 정보를 공유하지 않고 제품을 만들어 파는 것은 과거의 방법이다. 공개 가능한 범위를 선정하여 정보를 공유를 통해 커뮤니티를 형성하고, 이를 토대로 수익을 내는 하드웨어 스타트업은 어마어마한 독창적 기술이 필요 없다. 공유하는 자체로 사람들의 관심을 끌고 공유로 혜택을 받은 유저들은 기꺼이 해당 스타트업에 돈을 지불한다. 공유하고 나눌 때 오히려 수익이 발생한다.

플랫폼으로 접근하라:
수요 다양성을 확보하라

1~2장에서 언급했듯이, 네스트랩스는 구글에 3조 4000억 원에 인수되었고, 탈믹랩스는 크라우드 펀딩을 하지 않고도 벤처캐피털로부터 180억을 투자받았다. 물론 하드웨어 스타트업 중 큰돈을 투자받은 사례는 많다. 이렇게 시제품을 만들고 양산 준비에 들어가는 비용보다 훨씬 많은 돈을 투자받는 경우는 해당 하드웨어 스타트업 시장 평가가치가 매우 높을 때이다. 그리고 이렇게 높은 시장가치를 보이는 경우의 대부분은 해당 하드웨어 스타트업의 제품으로 플랫폼 형성이 가능한 경우다. 네스트랩스, 탈믹랩스 둘 다 동일 케이스이다. 따라서 하드웨어 스타트업의 제품으로 플랫폼 형성이 가능하도록 비즈니스 모델을 만든다면 이는 큰돈을

벌 수 있는 지름길이다. 하지만 전 세계인이 이런 생각을 갖고 있기에 아이템을 찾기란 만만치 않다. 며칠, 몇 시간의 고민으로 도출될 것이라면 이미 시장에 나오고도 남았을 것이기에 그렇다. 따라서 항상 플랫폼을 염두에 두되 조금은 현실적으로 접근할 필요가 있다. 그래서 그 대안으로 '수요 다양성을 확보하라'라는 부제를 달았다.

메이커암Makerarm은 2013년 미국 텍사스에서 설립된 스타트업이다. X, Y, Z축으로 위치 제어가 필요한 도구를 모조리 합한 도구를 개발한 하드웨어 스타트업으로 2015년 10월 킥스타터 크라우드 펀딩에 론칭했다. 이 디바이스로 가능한 부분은 3D 프린팅, 밀링, 레이저 각인 및 에칭, 커팅, 이송, 글씨 쓰기 등 다양하다. 사실 메이커암 외에도

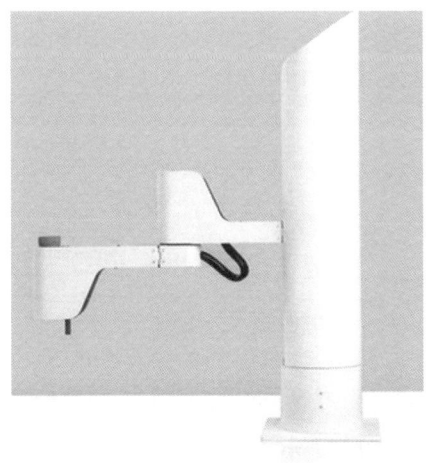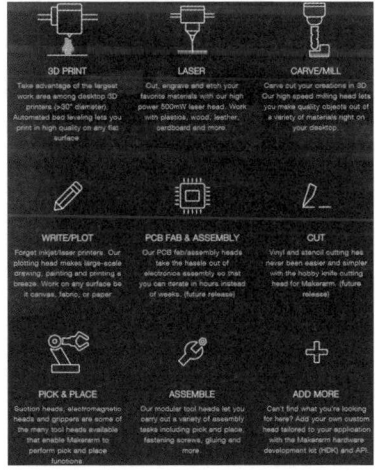

▶ 다양한 작업이 가능한 메이커암. 메이커암 홈페이지: http://makerarm.com/

유사한 디바이스들이 봇물처럼 소개되고 있다. 이는 다양한 목적의 고객을 만족시키기 위한 방안이다. 고객의 입장에서도 실제 적은 비용으로 여러 디바이스를 사용하는 효과를 얻기에 제품의 정밀도 등 품질의 문제만 없다면 히트할 확률이 높다.

스카우트Scout는 셀프 설치가 가능한 무선 홈 안전 시스템을 추구하는 하드웨어 스타트업이다. 2012년에 설립되었으며 시카고에 있다. 현재 총 150억의 투자를 받았다. 사람 손이 보이는 사진은 미닫이 창문에 두 파트로 분리되는 '액세스 센서Access Sensor'를 설치하는 모습이

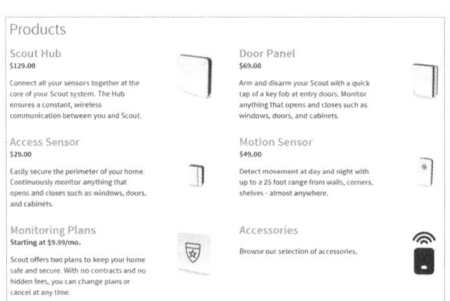

▶ 다양한 환경에 적합토록 개발된 시큐리티 제품 스카우트.
스카우트 홈페이지: https://www.scoutalarm.com

다. 미닫이창이 열리면 두 파트 사이의 거리가 멀어지게 되고 이는 무선으로 스카우트 허브Scout Hub로 데이터가 전송된다. 경고 신호를 낼 수도 있고 집주인이나 정해진 곳으로 연락이 가도록 할 수 있다. 이 시스템은 집이건 공장이건 안전 시스템이 필요한 어느 곳이나 설치할 수 있다. 사실 스카우트 제품의 모션 센서, 액세스 센서 모두 이미

나와 있던 솔루션이다. 스카우트는 스카우트 허브를 통해 각각의 정보를 모으고 이를 스마트폰에 전송하여 앱으로 관리할 수 있게 해준 것뿐이다. 센서들을 모아 안전 시스템화함으로써 다양한 장소에 사용 가능한 제품으로 탄생시켰다.

위의 두 사례 모두 이미 존재하던 디바이스를 융합하여 다양한 수요가 일어나도록 시스템화한 제품들이다. 플랫폼 제품을 만들기 어렵다면 제품의 수요가 늘어날 수 있도록 융합적인 제품을 모색해보라. 이미 있는 기술이라 가벼이 여기지 말고 묶음으로 활용 가능한 디바이스를 고려해보라.

며칠 전 어느 제조업 CEO가 블로그에 올린 글을 우연히 봤다. 납품 처가 한 곳만 남았단다. 혹시나 일거리가 있으면 자신의 회사에 일거리를 달라는…. 글만 올린 게 아니라 공장의 이곳저곳 기존 납품한 제품들을 촬영한 사진까지 올려놓은 걸로 봐서는 지푸라기라도 잡는 심정으로 보였다. 해당 회사의 제품이 가치가 떨어지거나 방만한 경영으로 이런 상황이 왔을 수도 있겠다. 하지만 지금 이 회사의 형국은 대한민국 중소 제조사 전반의 문제다. 책에서 기술한 바처럼 제조 대기업은 해외로 생산공장을 옮기고, 기술을 보유한 강소기업들은 국외로 빠져나가거나 대기업에 내재화되면서 제조업의 씨가 마르고 있기에 그러하다.

책에서 언급하였듯이 미국과 유럽은 다르다. 기존에 없던 가치가 탄생할 수 있도록 자국의 하드웨어 스타트업 부흥에 노력 중이다. 그렇다고 우리가 손을 아예 놓고 있지는 않다. 최근 들어 스타트업에 힘을 실어주는 노력들이 다양하게 시도되고 있다. 하지만 스타트업을 시도하는 사람도 스타트업을 지원하는 쪽도 준비가 안 된 부분이 일부

보인다. 사실 스타트업에 대한 관심과 지원이 본격화된 연수는 한 손의 손가락 수보다 적다. 이 또한 해외에 비해 4~5년 늦은 것이기에 우리가 해외를 따라가는 듯한 모양새는 어찌 보면 당연하다. 하지만 여기서 우리가 간과해서는 안 될 부분이 있다.

하나는 그럴듯한 아이디어, 그럴듯한 지원 프로그램으로 겉모양새만 내기엔 우리의 상황이 위중하다는 점이다. 제조업 기반이 무너지면 쉽게 복구할 수 없다. 이미 무너지고 있는 제조업 생태계를 살려내야 한다. 두 번째는 아무리 목구멍이 포도청이라고 해도 돈보다 가치를 추구해야 한는 점이다. 개인이든 국가든 남에게서 돈이 된다는 정보를 듣고 남을 따라 하는 걸로는 더 이상 먹고살기 어려운 '공유의 시대'이기에 그러하며, 비슷한 물건이 넘쳐나기에 싸게 내놓는 걸로는 더 이상 경쟁에서 살아남을 수 없기에 그러하다.

우리에게 스타트업 초반의 정부 지원, 스타트업 중반의 난관을 뚫고 실질적인 일자리 창출을 이루어내는 스타트업이 반드시 필요하다. 창업 몇 년을 버티는 형식적인 성공이 아니라, 일자리 유지와 증가에 보탬이 되는 하드웨어 스타트업 말이다. 해외의 상황과 국내의 상황을 보면서 때로는 암울한 생각도, 때로는 희망의 생각도 들었다. 하지만 시간이 많지 않다. 개인의 입장에서도 정부의 지원을 마냥 기대하면 안 된다. 밑 빠진 독에 물 붓는 격으로 세금 충당이 제대로 이루어지지 않는다면, 머지않아 그리스의 꼴을 당할 수도 있기 때문이다.

필자가 다양한 루트로 경험한바, 일반인들의 시제품 제작 니즈가 생각보다 많다. 이는 더 이상 직장을 구하기 어려운 장년층과 취업이 쉽지 않은 대학생들이 생계를 위해 창업을 다수 고려하기 때문이다. 더욱이 생활 속의 불편함이나 독특한 아이디어를 고민하여 자신만의 생각을 만들어냈다 치면, 이내 제품화가 가능할 것으로 여기고 시제품 제작에 돌입하기 때문이다. 하지만 '아이디어를 시제품화하는 것'도, '실제 스타트업에 도전하는 것'도 생각만큼 쉬운 일이 아니다. 아이디어를 현실화함에서 비용과 시간을 고려한 최적의 시제품 제작은 아무나 할 수 있는 것이 아니며, 스타트업 경영 능력도 하루아침에 생기는 것이 아니기 때문이다.

분명하다. 억지스러운 지원 요청과 적절치 못한 지원으로는 하드웨어 스타트업 융성을 이끌어내기 어렵다. 가치 있는 아이디어를 북돋우고, 성장 가능성 있는 하드웨어 스타트업을 현실화해낼 수 있는 능력을 키우고 모아야 한다. 더불어 주변에서 하드웨어 스타트업에 도전하고 있거나 도전하는 분을 본다면 가능한 범위 내에서 베풀 수 있는 도움을 주면 좋겠다. 일자리 창출에 기여하는 이들이 줄어든다면 우리 경제는 다시는 활황기를 맞지 못할 것이기에 그렇다.

이 책 한 권으로 인해 성공하는 하드웨어 스타트업이 다수 탄생할 거라고 보지는 않는다. 반면 하드웨어 스타트업을 제대로 운영하고 제대로 키워보자는 긍정의 기운은 작게라도 일어날 것으로 확신한다. 하지만 시간이 없다. 우리가 되살릴 수 있는 운명의 시간이 가고 있다. 일자리 창출이라는 난제를 하드웨어 스타트업에 대한 적극적인 도전과 지원으로 속 시원히 풀어내보자.

스타트업 창업자를 위한 지원정보 사이트

1. 창업넷 http://startup.go.kr

다양한 정부 기관의 창업 관련 공지사항, 교육 등의 정보가 가장 많이 모이는 곳. 창업을 위한 다양한 정보가 있으므로 주기적으로 방문할 필요 있음.

2. 창조경제타운 https://www.creativekorea.or.kr

온라인 멘토링을 중심으로 아이디어에 대한 사업화 진단부터 실제 사업화까지 연계가 가능한 사업 아이디어 플랫폼. 아이디어 단계에 부담 없이 도

움을 받기 좋음. 아이디어 보호를 위한 원본 증명 서비스를 활용하면 온라

인 상담 시 아이디어 유출에 대한 걱정을 덜 수 있음.

3. 기업마당(Biz Info) http://www.bizinfo.go.kr/index.do

중소기업청에서 운영하는 중소기업 지원 정보 사이트로 중소기업 및 스타

트업 운영에 도움될 만한 다양한 정보를 얻을 수 있음.

4. 로킷펀치 https://www.rocketpunch.com

국내 스타트업 정보, 스타트업 구인·구직 정보가 모여 있음.

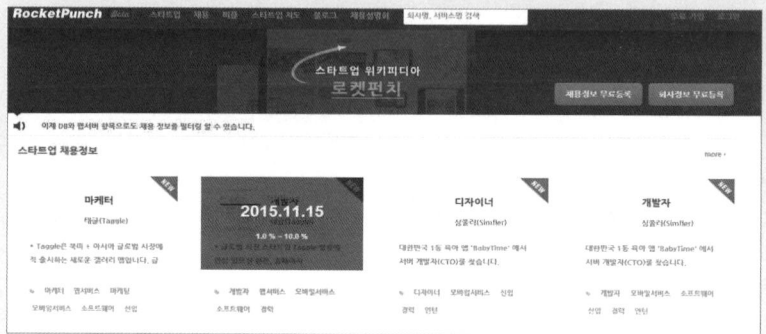

5. 한국청년기업가정신재단 http://www.koef.or.kr/news/notice

민간주도 기업가정신 확산 기관으로 기업가정신 관련 교육 프로그램이 있음.

6. IT동아 http://it.donga.com

최신 디바이스 사용기 등 유용한 IT 정보를 제공함.

7. 디캠프 http://dcamp.kr

20개 전국은행연합회에서 만든 비영리 재단. 투자, 인프라 구축, 스타트업

육성 활동을 확인할 수 있음.

8. 벤처스퀘어 http://www.venturesquare.net

스타트업 전문 미디어이자 서비스 제공 플랫폼. 스타트업에 관한 실제작인 뉴스를 많이 접할 수 있음.

9. 플래텀 http://platum.kr

스타트업 전문 미디어. 스타트업 정보 및 인사이트를 얻을 수 있음.

10. 데모데이 http://www.demoday.co.kr

스타트업 정보와 지원 플랫폼.

하드웨어
스타트업

1판 1쇄 인쇄 | 2015년 11월 25일
1판 1쇄 발행 | 2015년 12월 3일

지은이 김영준
펴낸이 김기옥

프로젝트 디렉터 기획1팀 모민원, 권오준
커뮤니케이션 플래너 박진모
경영지원 고광현, 김형식, 임민진

인쇄 · 제본 (주)에스제이피앤비

펴낸곳 한스미디어(한즈미디어(주))
주소 121-839 서울특별시 마포구 양화로 11길 13(서교동, 강원빌딩 5층)
전화 02-707-0337 | 팩스 02-707-0198 | 홈페이지 www.hansmedia.com
출판신고번호 제 313-2003-227호 | 신고일자 2003년 6월 25일

ISBN 978-89-5975-929-3   13320